Bibliografische Information der Deutschen Nationalbibliothek:
Die Deutsche Nationalbibliothek verzeichnet diese Publikation in der Deutschen Nationalbibliografie; detaillierte bibliografische Daten sind im Internet über http://dnb.dnb.de abrufbar.

Lektorat: Philine Lissner
Satz und Gestaltung: Axel Joerß
Umschlag: Axel Joerß
Fotos:
Tobias Landwehr: S.7, S.11; Fabian Ermler: S. 117, S. 119, S. 121

mompox Verlag
Leysiefen 31, 42799 Leichlingen
www.mompox.de
info@mompox.de

ISBN: 978-3-948070-31-1

Florian Kollin

Barfußlaufen

EIN WISSENSCHAFTLICHER WEG FÜR MEHR SPORTLICHEN ERFOLG

Inhalt

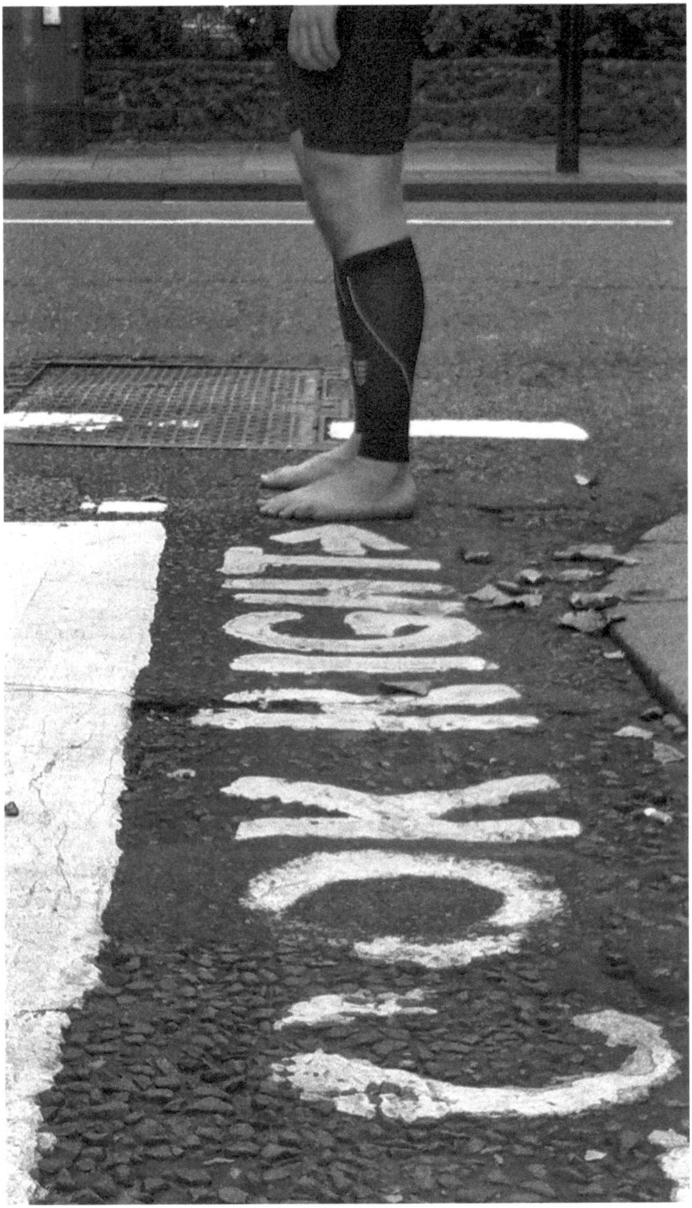
LOOK RIGHT

Vorwort

Es freut mich sehr, dass du Lust hast, etwas übers Barfußlaufen zu lesen. Und es freut mich noch mehr, dass du dafür dieses Buch gewählt hast. Ich werde dir im Folgenden näherbringen, warum es gut ist, barfuß zu laufen und wie du deine Lauferfahrung noch verbessern kannst.

Dazu gehört es, etwas über verschiedene Laufstile zu wissen, aber auch über nützliches Zubehör, Dehnübungen oder ein wenig Ernährung. Insofern wissenschaftliche Studien dazu vorhanden waren, habe ich mich bemüht, die aktuellsten und spannendsten Forschungsergebnisse in das Buch einfließen zu lassen. Natürlich entwickelt sich die Wissenschaft beständig weiter. Und so kann es sein, dass – während ich dies schreibe – schon vollkommen neue Erkenntnisse entstanden sind. Was ich damit sagen möchte: Dieses Buch ist nicht perfekt (wie kaum etwas im Leben). Halte die Augen offen und schau dich nach weiteren Quellen um. Und denk daran: Nur weil bei 99 Prozent der Teilnehmer einer Studie etwas funktioniert, kannst du immer noch zu dem einen anderen Prozent gehören. Hör also auf deinen Körper, aber gib den Studien ruhig die Chance, dich zu überzeugen.

Natürlich kann ich dir ohnehin nicht sagen, was du mit diesem Buch tun sollst, aber sei beruhigt: Wenn dich ein bestimmtes Thema mehr interessiert als ein anderes, dann lies es gerne zuerst. Oder lass ein anderes komplett aus. Ganz dir überlassen!

Ich bin Wissenschaftler und kein Arzt (studiert habe ich Bioinformatik und Genomforschung, Genome-Based System Biology, und noch etwas industrielle Biotechnologie). Das Schöne am Laufen ist zwar, dass die meisten ohne Bedenken sofort starten können, weil es ein vollkommen natürlicher Bewegungsablauf ist. Wenn du allerdings schon weißt, dass es bei dir zu Problemen kommen könnte, oder spätestens natürlich, wenn etwas konkret schiefläuft: Ab zum Arzt mit dir!

Noch ein Hinweis: Dieses Buch richtet sich selbstverständlich an interessierte Personen jedweden Geschlechts. Viele der aufgeführten Studien arbeiten tatsächlich mit männlichen Probanden oder aber differenzieren explizit zwischen den Geschlechtern. Zur besseren Lesbarkeit, und auch um bei den Originalformulierungen der zitierten Literatur zu bleiben, verwende ich in meinem Text ansonsten meist die männliche Form, möchte damit aber alle gleichermaßen ansprechen.

Und jetzt: Viel Spaß beim Lesen und Laufen!

Einführung

Es ist ja schon ein wenig verrückt: Niemand würde auf die Idee kommen, Dinge lieber mit Handschuhen zu greifen als mit bloßen Händen. Die Evolution hat uns über Millionen von Jahren zu dem gemacht, was wir sind. Und so sind nicht nur die Hände präzise Greifwerkzeuge, sondern auch unsere Füße sehr effiziente Fortbewegungsmittel. Unser gesamter Bewegungsapparat ist daraufhin optimiert, sich gehend oder laufend auf zwei Füßen fortzubewegen.

Wenn du jetzt gedacht hast: »Naja, Schnee oder eine heiße Pizza würde ich schon lieber mit Handschuhen anfassen«, so stimmt das natürlich. Und ebenso ist es auch mit Schuhen: Schuhe sind keinesfalls schlecht und in unserer Zeit oft notwendig. Doch tendieren viele Menschen dazu, ihnen zu viel Bedeutung zuzumessen. In erster Linie helfen sie uns, nicht in Scherben, Dreck oder Ähnliches zu treten. Und herrschen im Job oft noch strenge Konventionen und es wäre unvorstellbar, von einem barfüßigen Anwalt Tipps in Sachen Steuerrecht entgegenzunehmen (na gut, ich persönlich fände das sehr sympathisch ...), so gibt es diese gesellschaftlichen Zwänge im privaten Raum fast überhaupt nicht.

Was ich damit sagen will?
Lauf doch einfach mal barfuß!

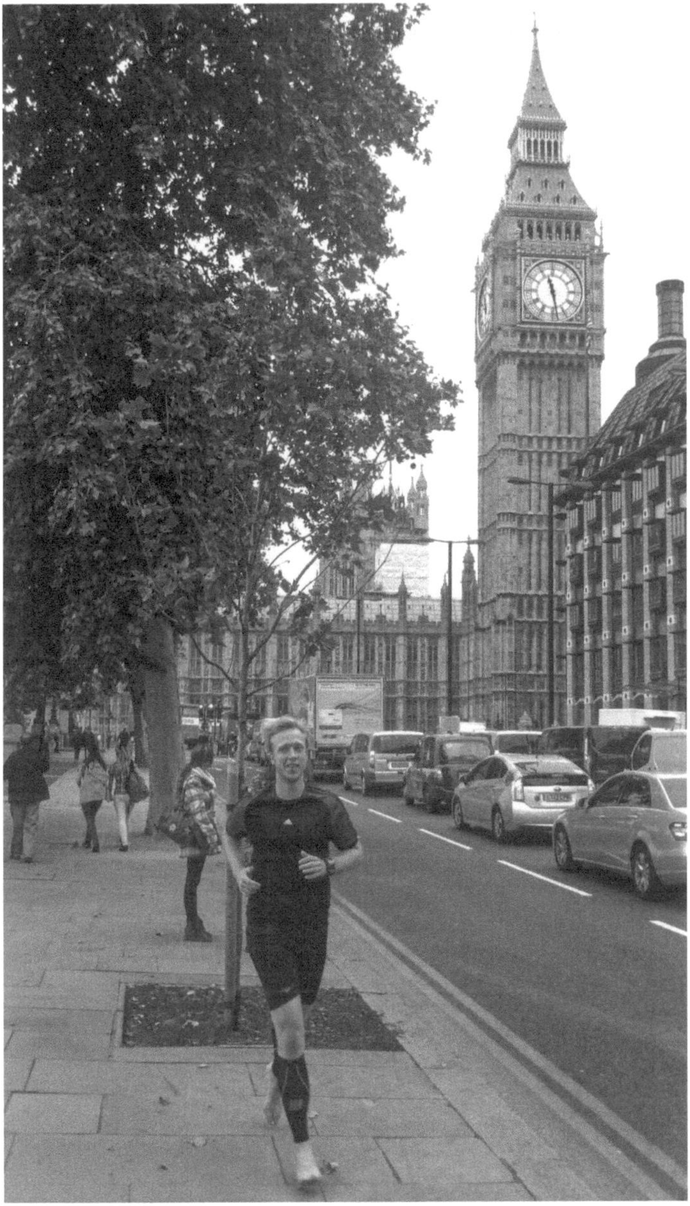

Der Autor 2013 barfuß vor dem Big Ben

WIE ICH ZUM BARFUSSLAUFEN KAM

»Wie kommt man eigentlich auf die Idee, barfuß zu laufen?« werde ich sehr oft gefragt. Ich könnte jetzt erzählen, dass ich damit angefangen habe, weil es einfach »besser« ist, gesünder, natürlicher oder sonst was. Und das wären alles gute Gründe. Doch in meinem Fall liegt die Sache ein wenig anders:

Ich gehe seit etlichen Jahren regelmäßig mit einem Freund laufen. Vor einiger Zeit schafften wir es leider nicht mehr so oft wie sonst, und so blieb das Training ein wenig hinter den Erwartungen zurück. Dies merkte ich neben meiner Leistung leider auch am eigenen Körpergewicht und dies wiederum hatte direkten Einfluss auf meine Laufleistung. Zu einem gewissen Zeitpunkt war ich also schwer, untrainiert und konnte vielleicht noch so an die zehn Kilometer laufen.

Das Hauptproblem: Nach ziemlich genau drei Kilometern bekam ich Schmerzen im linken Knie. Einmal wäre das ok gewesen. Auch ein zweites Mal hätte man es vielleicht noch durchgehen lassen. Doch es war wie verhext: Wir liefen los, fühlten uns gerade auf unserer Haus- und Hofstrecke wohl und schon fing mein Knie an, zu schmerzen (und die Strecke kannte ich natürlich sehr gut. Es kam tatsächlich immer nach ziemlich genau drei Kilometern zu den Schmerzen).

Ich ging also zum Orthopäden, ließ mich ausfragen und untersuchen. Heraus kam: Nichts. Doch weil der Arzt wohl auch der Meinung war, irgendetwas müsse ja geschehen, bekam ich Einlagen für meine Laufschuhe verordnet. Ich nehme es mal vorweg: Ich bin genau zwei Mal mit den Teilen gelaufen und außer zu stören, haben sie mir nichts gebracht.

Aber zurück in die richtige Reihenfolge der Geschichte. Einlagen anzufertigen, braucht so seine Zeit. Und weil es ja bekanntlich auch nicht in Frage kommt, gar nicht zu laufen, sind wir wieder los, noch bevor die Einlagen da waren – und wieder tat das Knie weh. Ich war so genervt, dass ich dachte, schlimmer könne es ja nicht werden, und so zog ich kurzerhand meine Laufschuhe aus, postierte sie am Wegesrand und nahm mir vor, sie auf dem Rückweg wieder abzuholen. Habe ich dann zwar auch. Allerdings hatte ich die kompletten restlichen Kilometer keinerlei Schmerzen im Knie, und so sollten die Laufschuhe nun deutlich weniger oft zum Einsatz kommen.

Weil ich ein Sturkopf sein kann und eher mäßig gut darin bin, den Dingen Zeit zu geben, lief ich also die nächsten Male direkt barfuß. Die kürzeste Strecke dabei war sechs Kilometer, die längste vorerst knapp 13 Kilometer lang. Das war sicher nicht die schlauste Art, mit dem Barfußlauf anzufangen, aber es hat funktioniert.

Heute bin ich überzeugter und begeisterter Barfußläufer, auch wenn ich für manche Trails dann doch noch die Schuhe hervorholen muss. Und nach meinem schnellen Start habe ich auch irgendwann nochmal einen Schritt zurück gemacht und mich auch theoretisch mit dem Barfußlaufen, den Voraussetzungen und mit einigen Tipps und Tricks beschäftigt.

Fang ruhig langsam an.
Hauptsache, du fängst überhaupt an.

WARUM LAUFEN MENSCHEN?

Vielleicht hast du schon einiges zu dem Thema gelesen, oder es interessiert dich im Gegenteil nicht sonderlich (in dem Fall darfst du das Kapitel natürlich gerne überspringen). Ich werde deswegen auch nur kurz auf die wichtigen Aspekte eingehen. Den Rest besprechen wir dann an Stellen, wo er von konkretem Nutzen ist (also beispielsweise bei der Frage, wie viel man vor Wettkämpfen trinken sollte, ob barfuß zu laufen wirklich besser ist und so weiter). Erstmal aber zum Laufen ganz allgemein. Vielleicht hilft dir dieses Wissen mal, wenn du jemandem erklären musst, warum Laufen nicht »einfach nur langweilig« ist.

Was sagt die Wissenschaft?

Ein gutes Beispiel findet sich bei Bramble und Lieberman[1]. Die beiden Autoren halten fest, dass das schnelle Laufen wohl keine große Rolle in der menschlichen Evolution spielte (sonst, so wird angenommen, wären wir bessere Sprinter). Bemerkenswert ist jedoch, dass neben dem Menschen nur sehr wenige Spezies Ausdauerläufe unternehmen. Bekannt sind hier eigentlich nur soziale Karnivoren (wie beispielsweise Hunde und Hyänen) oder wandernde Paarhufer (also Pferde). Spannend ist wiederum, dass in dieser Liste keine anderen Primaten auftauchen. 1:0 für uns, ihr Affen.

Wenn es so selten ist, dass Ausdauerläufe unternommen werden, haben diese dann wenigstens einen Einfluss auf uns? Beziehungsweise, sind wir überhaupt evolutionär für Ausdauerläufe geschaffen? »Irgendwie schon«, muss die Antwort wohl lauten. Wir sind von Muskeln und Sehnen her im Gegensatz zu (anderen) Primaten darauf ausgelegt, mit weniger Energieverbrauch laufen zu können. Ein gutes Beispiel hierfür stellt unsere Achillessehne dar. Sie hilft uns kaum, wenn wir gehen, speichert aber – ähnlich einer Feder – die Energie beim Laufen. Durch diese Merkmale unseres Körpers sparen wir rund 50 Prozent der Energie beim Laufen. Klingt doch schon mal gut.

Dazu kommt dann noch der Fußbogen. Oder hast du dich noch nie gefragt, warum dein Fuß nach oben gewölbt ist? Auch das ist ein kluger Schachzug der Natur. Läuft man über den Vorderfuß, so können hier etwa 17 Prozent der Energie zurückgegeben werden. Das ist also ein bisschen wie das, was Hersteller von Laufschuhen versprechen – nur eben automatisch und gratis in dir eingebaut.

Auch unsere langen Beine helfen uns beim Laufen. Zugegebenermaßen sind sie sowohl fürs Gehen als auch fürs Laufen praktisch. Durch sie wird nämlich die Kontaktzeit mit dem Boden erhöht. Ist das jetzt etwas Gutes? Ja, ist es. Studien zeigen, dass das Inverse der Bodenkontaktzeit mit dem Energieaufwand beim Laufen korreliert. Anders ausgedrückt: Höhere Kontaktzeit = weniger Anstrengung.

Man könnte jetzt noch näher darauf eingehen, dass unser Skelett darauf ausgelegt ist, die Kräfte, welche beim Laufen auftreten, gut auszuhalten. Ebenso schaffen wir es von der

Balance her gut, nicht umzufallen, obwohl wir auf einmal sprinten, statt zu gehen. Aber wenn dich das im Detail interessiert, liest du am besten direkt bei Bramble und Lieberman nach.

WARUM SOLLTEST DU LAUFEN? TIPP: LAUFEN MACHT DICH (VERMUTLICH) SCHLAUER.

Du hast sicher auch Freunde, die den ganzen Tag vorm Fernseher verbringen und dich dann kritisieren, dass du dir ausgerechnet Laufen als Freizeitbeschäftigung ausgesucht hast? Naja, vielleicht bist du einfach schlauer als sie:

Schon länger ist bekannt, dass körperliche Belastung diverse Faktoren ansprechen kann, welche dich schlauer machen können. So untersuchten Neeper und seine Kollegen 1996[2] den Zusammenhang zwischen freiwilliger Aktivität von Ratten in Laufrädern und der Bildung von zwei wichtigen Faktoren für das Gehirn (Gehirne von Menschen zu analysieren, kommt hier aus naheliegenden Gründen oft nicht in Frage, also nimmt man etwas, was sich gut untersuchen lässt und verhältnismäßig vergleichbar ist): Den »Brain-derived neurotrophic factor« (BDNF) und den »nerve growth factor« (NGF). Beide Faktoren gelten als Unterstützer vieler wichtiger Hirnfunktionen. Die Konzentration der beiden Faktoren stieg nach zwei, vier und sieben Nächten mit freiwilliger Belastung deutlich an. Ein erster Hinweis, dass auch Menschen davon profitieren könnten, generell Sport zu treiben. Bleibt also die Frage, welcher

Sport wohl am besten geeignet ist.
Weitere Studien zu diesem Themengebiet folgten, darunter unter anderem auch eine aus dem Jahr 2016[3], welche zeigt, dass sowohl in Ratten, Affen, als auch Menschen (!) ein Muskelsekret-Faktor Einfluss auf die Gehirnleistung hat. Der hier betrachtete Faktor (CTSB) wirkt sich unter anderem wiederum auf den eben besprochenen BDNF aus. Er scheint also das Bindeglied darzustellen. Für unsere sehr grundlegende Betrachtung ist es jedoch wichtig(er) festzuhalten, dass kontinuierlich weitere Studien zu dem Schluss kommen, dass Sport – und zwar insbesondere Laufen – gut für das Gehirn ist.

So, jetzt habe ich gesagt, dass insbesondere Laufen gut ist. Stimmt das denn? Bisher stützte sich meine Annahme auf den simplen Fakt, dass in den Studien Laufbänder eingesetzt wurden, um sportliche Aktivität zu provozieren. Was wäre denn gewesen, wenn man den Ratten kleine Hantelbänke hingestellt hätte (Falls das mal jemand macht: Bitte filmen und mir den Link zukommen lassen)? Genau das ist leider noch nicht probiert worden, aber so weit weg davon sind wir auch nicht.

Eine Studie, welche ebenfalls 2016 durchgeführt wurde,[4] kam zu dem Ergebnis, dass:

- Aerobe Anstrengung (wie Laufen) positive Effekte auf die Gehirnstruktur und -Funktion hat
- HIT (Hochintervalltraining), bspw. kurze Sprints einen kleinen, aber nicht-signifikanten Effekt auf den gemessenen Faktor hatten

- Kraftsport keine messbaren Auswirkungen auf das Gehirn gezeigt hat.

Du willst immer noch wissen, wie das mit den Hantelbänken bei den Ratten war, oder? Ok, ich verrate es dir: Die Ratten bekommen Gewichte verpasst und müssen eine vertikal aufgestellte Leiter hochklettern. Und nein, davon habe ich leider gerade keine Videos parat.

BARFUSSLAUFEN MACHT DICH SOGAR NOCH SCHLAUER!

Jetzt befassen wir uns hier natürlich mit dem Barfußlauf. Klar, die Ratten sind natürlich auch barfuß gelaufen (zumindest habe ich in den Studien keinen anders lautenden Hinweis finden können). Aber gibt es vielleicht auch einen Unterschied zwischen beschuhtem Laufen und dem Barfußlauf, wenn es um das Gehirn geht?

Als der schlaue Mensch, der du zweifelsohne bist, kannst du dir sicher schon denken, dass ich nicht so angefangen hätte, wenn es hier keine nachweisbare Verbesserung gegenüber dem Laufen in Schuhen gäbe. Und so gab es an der Uni in Nord-Florida Experimente[5], welche sich genau mit diesem Thema auseinandersetzten. Das Ergebnis:

Barfußlaufen ist deutlich besser für die Leistungsfähigkeit deines Arbeitsgedächtnisses.

Was ist das Arbeitsgedächtnis? Ein bisschen so etwas wie der Arbeitsspeicher beim Computer. Grob gesagt, ist dies also das Gedächtnis, welches die Fähigkeit darstellt, Informationen abzurufen und zu verarbeiten. Du nutzt es dein ganzes Leben lang.

In der Studie wurden Leute barfuß und in Schuhen gebeten, 16 Minuten lang bei einem selbst gewählten Tempo auf einem Laufband zu laufen. Vorher und nachher wurde die Leistung des Arbeitsgedächtnisses gemessen. Bei den Barfußläufern ergab sich eine Steigerung um 16 Prozent. Und bei den Läufern mit Schuhen? Hier konnte kein Anstieg festgestellt werden. Um sicher zu gehen, dass es keine anderen Faktoren waren, die dies beeinflussten, wurden auch die Herzfrequenz und die Geschwindigkeit der Teilnehmer gemessen. Aber beides hatte keinen Einfluss auf das Ergebnis.

Woran kann dies liegen? Die Idee der Forscher dazu ist, dass ein Barfußlauf fordernder für das Arbeitsgedächtnis ist, da zusätzliche Ansprüche an taktiles Feedback und Propriozeption (die Wahrnehmung deiner Körperbewegung und die Lage im Raum deiner Körperteile) gestellt werden.

Das Ergebnis der Studie fasste einer der Autoren sehr schön zusammen – ich erlaube mir mal, das zu übersetzen:

»Die kleinsten Dinge machen oft den größten Unterschied. Diese Studie zeigt uns, dass wir unser kognitives Potential ausschöpfen und gleichzeitig Spaß haben können. Wenn wir unsere Schuhe ausziehen und laufen gehen, können wir schlauer ankommen, als wir losgelaufen sind.«

Die Wissenschaft hinter dem Barfußlauf

Nachdem wir nun also die generellen Fragen geklärt haben, kommen wir zu den harten Fakten. Ist Barfußlaufen energetisch besser? Verletze ich mich oft? Wie laufe ich korrekt barfuß? Muss ich meinen Laufstil umstellen?

Zunächst einmal müssen wir uns kurz die verschiedenen Laufarten anschauen. Grob unterteilt gibt es folgende:

- Vorderfußlauf
- Mittelfußlauf
- Fersenlauf

Die Begriffe sollten weitestgehend selbsterklärend sein: Beim Vorderfußlauf setzt der Fußballen zuerst auf, erst danach berührt die Ferse den Boden (falls überhaupt). Dieser Laufstil ist sehr populär unter Menschen, die barfuß laufen (also auch unter unseren Vorfahren) und Sprintern. Der Mittelfußlauf zeichnet sich dadurch aus, dass man mit flachem Fuß auftritt, er ist vor allem als Übergang zwischen den anderen beiden Laufarten populär. Beim Fersenlauf setzt man zunächst mit der Ferse auf und rollt dann nach vorne über den Fuß ab. Dies ist ein sehr gängiger Laufstil in modernen Sportschuhen (etwa 75-80 Prozent aller Läufer sind so unterwegs).[6]

WARUM SOLLTEST DU BARFUSS LAUFEN?

So, fangen wir also endlich an. Gibt es wirkliche, energetische Gründe, warum du barfuß laufen solltest? Klar gibt es die!

Durch die starken Kräfte, welche beim Fersenlauf auftreten, kann es leichter zu Belastungsbrüchen der Schienbeine sowie zum Fersensporn (oder »Fasciitis plantaris«, falls du dir das merken möchtest) kommen. Genauer gesagt: Wenn du mit der Ferse zuerst aufkommst, entsprechen die initialen Kräfte in etwa dem 1,8-fachen deines Körpergewichts (und im Maximum dem 2,3-fachen). Da man beim Fersenlauf üblicherweise Schuhe trägt, hast du vielleicht deine schönen neuen Schuhe mit der tollen Dämpfung an. Dann ist das gleich viel erträglicher, oder? Naja, in absoluten Zahlen tut sich da nicht viel und es wirkt immer noch ca. dein 1,7-faches Gewicht.

Und barfuß mit Vorderfußlauf? Da ist es tatsächlich initial nur etwa das 0,3-fache. Das ist mal eben eine Reduktion um das Sechsfache! Im Maximum wirken tatsächlich beim Vorderfußlauf leicht höhere Kräfte (das 2,6-fache), jedoch steigt die Kurve hier deutlich langsamer an und dein Körper ist evolutionär darauf angepasst, genau mit dieser Art Kräften gut umgehen zu können.[7]

Natürlich kann man auch in Schuhen auf den Vorderfußlauf umsteigen. Meiner Erfahrung nach machen zumindest einige Barfußeinheiten während des Trainings die Sache allerdings deutlich leichter.

BARFUSSLAUFEN IST EFFIZIENT

Nur, weil es gerne durcheinandergeworfen wird, kurz die Unterscheidung zwischen »Effizienz« und »Effektivität«: Effektiv ist es, wenn ich etwas erledige. Effizient ist es, wenn ich es mit wenig Aufwand erledige. Wenn ich also beispielsweise beschließe, einen Marathon rückwärts zu laufen (und damit meine ich nicht die Strecke rückwärts zu laufen, sondern sich selbst rückwärts zu bewegen), so kann dies durchaus als effektiv gesehen werden, wenn ich es am Ende schaffe. Für die meisten Menschen dürfte es aber deutlich einfacher sein, die Strecke einfach in normaler Laufart zu absolvieren. Das wäre dann effizient(er).

Bleiben wir also bei der Effizienz, denn wir können davon ausgehen, dass wir sowohl barfuß als auch beschuht dort ankommen werden, wo wir hinwollen (es also effektiv ist). In einer Studie von Jason Franz und Kollegen[8] wurde Barfußlaufen gegen beschuhtes Laufen mit verschieden schweren Schuhen auf die metabolischen Effekte hin untersucht.

Genauer gesagt, ging es um die Sauerstoffaufnahme (VO2). Diese veränderte sich zwar, wenn die Schuhe schwerer wurden bzw. beim Barfußlaufen Gewicht hinzugefügt wurde (ca. ein Prozent pro 100 Gramm), allerdings konnte kein signifikanter Unterschied zwischen barfuß und beschuht festgestellt werden. Untersucht wurden hier Mittelfußläufer und die Autoren merken an, dass keine Daten zum Vorderfußlauf vorliegen. Dieser könnte durch die Unterstützung des Fußbogens zu anderen Ergebnissen führen.

Anders sehen das die Autoren einer neueren Studie aus dem Jahr 2016 [9], in der ebenfalls die Sauerstoffaufnahme gemessen wurde. Hier allerdings nur bei erfahrenen Läuferinnen. Die Forscher nahmen hier den robusteren Wert der »running economy« (RE), also der Laufökonomie als Messgröße zur Hilfe. Sie stellten fest, dass sich bei nicht so anstrengenden Läufen kein messbarer Unterschied zwischen barfuß und beschuht ergibt. Liefen die Probandinnen allerdings bei 85 Prozent ihrer maximalen VO2, so senkte sich die submaximale Sauerstoffaufnahme signifikant.

Dies wiederum ist ein gutes Zeichen für eine deutlich verbesserte Laufökonomie. Du läufst barfuß also vermutlich effizienter (zumindest, wenn du eine Frau bist und dich stark belastest).

Und wenn du effizienter läufst, ist der Weg zum schnelleren Laufen auch nicht mehr weit. Dazu wurde ebenfalls 2016 eine Studie[10] veröffentlicht. Bei der Studie des MIT liefen die Probanden Intervalle von entweder 800 oder 1.600 Metern. Und beide Gruppen liefen barfuß signifikant schneller als mit Schuhen. Es waren keine riesigen Unterschiede und sie liefen auch nicht bei jedem Testdurchlauf schneller, aber immerhin.

Wir halten also fest: Wenn wir uns Gewichte an die Füße binden, werden wir (energetisch betrachtet) nicht viel davon haben, barfuß zu laufen. Sobald unsere Schuhe aber etwas wiegen (und unsere Füße ohne Schuhe daran zumindest nicht mehr als vorher), ändert sich die Situation. Dies wird auch bei Flaherty [11] festgestellt. Hier wird von Laufschuhen mit einem Gewicht von 356 Gramm ausgegangen. Trägt man solche Schuhe, so ist die VO2 um 4,6 Prozent erhöht.

Divert und Kollegen[12] wiederum stellen fest, dass sehr wohl ein Unterschied besteht, wenn die Schuhe 350 Gramm wiegen, dieser aber bei leichten Schuhen mit einem Gewicht von nur 150 Gramm nicht festgestellt werden kann. Sie erklären des Weiteren, dass die Effizienz (hier bestehend aus metabolischen und mechanischen Komponenten) abnimmt, wenn man Schuhe trägt. Dies führen sie darauf zurück, dass der Schuh als Hauptaufgabe die Dämpfung des Aufpralls auf den Boden hat. Das führt allerdings auch zu einer Minderung der speicherbaren Energie und ist somit weniger effizient.

Das kennst du vielleicht vom Fahrradfahren. Wenn du ein Mountainbike mit toller Federung hast, spürst du kleine Unebenheiten im Boden kaum. Wie sich direkt auf die Straße übermittelte Energie anfühlt, weißt du aber erst, wenn du mal ein Rennrad ohne Dämpfung gefahren bist. Hier merkst du zwar jeden Kiesel, dafür kommst du aber auch schneller voran.

Wir halten fest: Barfuß laufen ist effizienter.

BARFUSSLAUFEN IST GESUND

Neben den bereits erwähnten Punkten gibt es auch teils ganz praktische Gründe, um mit dem Barfußlaufen anzufangen. So konnten Russell und Simmons[13] zeigen, dass es gut gegen Überpronation ist.

Auch wenn ich sicher bin, dass dir die Begriffe schon oft über den Weg gelaufen sind – spätestens als dir der nette Herr im Laufschuhladen die extra festen, dicken, teuren Schuhe verkaufen wollte um deine Füße besser zu »stützen«, hier nochmal eine kurze Auffrischung: Die Pronation ist eine natürliche Bewegung des Fußes. Sie ist Teil des Dämpfungsmechanismus, welcher es uns ermöglicht, so schön sanft zu laufen. Hierbei kommst du etwas mehr auf der Außenkante des Fußes auf und rollst deinen Fuß nach innen ab.

Bei einer Überpronation tust du dies – wie der Begriff schon nahelegt – zu stark. Dein Fuß kippt also stärker nach innen, als ihm dies guttäte. Dementsprechend werden dieser (Fehl-)Bewegung auch viele Verletzungen zugeschrieben. Also sollte man nach Möglichkeit etwas dagegen tun. Wie wäre es denn mit Barfußlaufen?

In der erwähnten Studie (Leider mit nur acht Teilnehmern – allesamt weibliche Cross-Country-Läuferinnen) wurden die Teilnehmerinnen zunächst für zwei Wochen daran gewöhnt, barfuß zu gehen. Dies fand drei Mal die Woche mit jeweils längeren Zeitintervallen statt. Im Anschluss wechselten sie dazu, drei Mal die Woche barfuß zu laufen. Vor und nach dem Test wurde jeweils gemessen, wie stark die Probandinnen (über-)pronierten.

In diesen vier Wochen verminderte sich die festgestellte Überpronation signifikant. Dementsprechend wird angemerkt, dass Barfußlaufen zu einer sehr deutlichen Besserung der Überpronation bei Läufern beitragen kann.

(Und ich muss leider anmerken, dass es nicht mal eine Kontrollgruppe gab … Aber immerhin forscht mal jemand daran. Wenn das demnächst jemand mit sauberen Methoden macht, könnte ich mir vorstellen, dass das Ergebnis ähnlich aussieht.)

Generell kann man festhalten, dass wir auch in Studien, welche aktuell lebende Menschen – welche ja gerade in Europa meist Schuhe tragen – und Fossilien vergleichen, leider nicht besonders gut davonkommen. In einer 2007 erschienenen Studie[14] wird festgehalten, dass pathologische Variationen im Mittelfuß vermutlich auf das Tragen von Schuhen und geänderte Untergründe zurückzuführen sind.

Barfußlaufen hilft dir beim gefürchteten »Läuferknie«

Vielleicht hast du schonmal vom »Läuferknie« oder korrekter, dem »Iliotibialen Bandsyndrom« (ITBS) gehört. Auch das »patellofemorale Schmerzsyndrom« kann in diese Kategorie fallen. Dieses Syndrom tritt bei vielen Sportlern durch eine Überbeanspruchung auf und ist die häufigste Läuferkrankheit. Der hier betroffene Faszienstreifen stützt deine Oberschenkelmuskulatur und ist am Schienbeinkopf verankert. Wenn du nun Langstreckenläufer bist und im schlimmsten Falle noch O- oder X-Beine hast, so kann es dazu kommen, dass das Band an der Gelenkvorwölbung des Oberschenkels reibt.

Die entstehenden Schmerzen werden meist im Knie oder der Außenseite des Knies angegeben. Hast du sowas schon einmal gefühlt? Falls nein: Sehr gut! Lass uns daran arbeiten, dass das auch so bleibt. Kommt es dir bekannt vor? Na, dann müssen wir zusehen, dass es besser wird!

Warum ist Barfußlaufen nun hilfreich? Nun, in erster Linie ist es das Vorderfußlaufen, welches im Vergleich zum Fersenlauf weniger patellofemorale Last (also grob gesagt Last auf die Kniescheibe) aufbaut. In einer Studie aus dem Jahr 2016[15] wurden Läufer, welche an besagten Schmerzen litten, einer zehnwöchigen Umstellung auf den Vorderfußlauf unterzogen. Hierbei wurden Messdaten zur Kinematik der Beine, diverse Beschleunigungen sowie Belastungen gemessen. Die Probanden durften in einem genormten Verfahren jeweils selbst ihre Knie- und Achillessehnenschmerzen angeben. Die entsprechenden Daten wurden vor und nach den zehn Wochen gemessen.

Vor der Umstellung wurde eine Maximalbelastung vom 4,76-fachen des Körpergewichts auf die Kniescheibe gemessen. Nach der Umstellung verringerte sich dieser Wert auf das 4,27-fache. Sowohl der Wert der Knieverletzungen als auch des subjektiv empfundenen Schmerzes ging signifikant zurück. Dies wirkte sich nicht nur auf ein positiveres Gefühl beim Sport, sondern auch im Alltag aus.

Jedoch sei auch angemerkt, dass durch die Umstellung nun höhere Kräfte auf die Achillessehne wirkten. Vor der Umstellung lagen diese bei dem 5,07-fachen Körpergewicht, nach der Umstellung stieg dieser Wert auf 5,58. Analog dazu stieg der subjektiv wahrgenommene Schmerz in den Achillessehnen.

Solltest du also Probleme mit der Achillessehne haben, so solltest du beim Übergang besonders vorsichtig sein. Alle anderen sollten ihre Kniebeschwerden mittels Umstellung des Laufstils deutlich mindern können.
Und wenn du jemanden kennst, der entsprechende Schmerzen im Knie hat, für den aber Barfußlaufen nicht in Frage käme, so könntest du ihm vielleicht (immerhin) einen Umstieg auf Minimalschuhe nahelegen. In einer 2017 veröffentlichen Studie[16] wurde getestet, welchen Effekt dieser Umstieg hat. Zudem mussten die Probanden ihre Schrittkadenz erhöhen. Gewöhnt man sich dies an (also eine schnellere Schrittfolge und das in Minimalschuhen), so mindert sich die patellofemorale Belastung um 29 Prozent. Ändert man das Schritttempo nicht, wechselt aber die Schuhe, so sinkt sie um immerhin 15 Prozent. Ok … und wenn dein Bekannter nun wirklich nicht die Schuhe wechseln will, so hilft nur die Erhöhung der Schrittfrequenz auch schon und reduziert die Belastung um 16 Prozent.

DER CHARAKTER VON BARFUSSLÄUFERN

Dass sich die Art zu laufen, deutlich von den meisten anderen Menschen unterscheidet, wenn man barfuß läuft, haben wir wohl hinlänglich geklärt. Aber wie verhält es sich mit dem Charakter?

Tatsächlich gibt es auch dazu Untersuchungen. Nicholas Hanson untersuchte die Persönlichkeitsvariablen von Barfußläufern[17] und verglich diese mit anderen Läufern (in traditionellen Schuhen).

Hierzu nutzte er eine Onlinebefragung, in der man als Läufer betrachtet wurde, wenn man in den letzten zwei Jahren ein Rennen mit mindestens Halbmarathon-Distanz absolviert hatte. Die Teilnehmer wurden über ihre Lauferfahrung befragt und natürlich auch, ob sie barfuß oder beschuht laufen. Mithilfe des »Big Five Inventory« (»Fünf-Faktoren-Modell«) wurde dann ein Persönlichkeitsprofil erstellt. In diesem Modell lassen sich Menschen in den fünf Skalen Neurotizismus, Extraversion, Offenheit für Erfahrungen, Gewissenhaftigkeit und Verträglichkeit einstufen. Der jeweilige Faktor kann schwach, durchschnittlich oder stark ausgeprägt sein. Hast du zum Beispiel einen schwach ausgeprägten Wert bei Neurotizismus, so bist du vermutlich ruhiger und selbstsicherer als der Durchschnittsmensch. Hast du hier einen stark ausgeprägten Wert, so giltst du als emotional und verletzlich.

Immerhin 692 Läufer nahmen an der Studie teil, 238 hiervon wurden in die Barfuß-Gruppe eingestuft. Die Altersspanne reichte von 18 bis 80 Jahren.

Und das Ergebnis? Barfußläufer hatten signifikant höhere Werte für Offenheit für Erfahrungen und signifikant niedrigere Werte für Gewissenhaftigkeit. Die anderen drei Merkmale wiesen keinen deutlichen Unterschied zwischen den Gruppen auf.

Dieses Ergebnis legt nahe, dass Läufer, welche bereits ausprobiert haben, barfuß zu laufen, im Durchschnitt offener sind. Sie sind erfinderisch und neugierig (Neugierig? Das kann ich aus eigener Erfahrung bestätigen!). Der Wert auf der Skala der Gewissenhaftigkeit legt jedoch auch nahe, dass sie unbekümmerter und nachlässiger sind als der traditionelle Läufer.

Da hier ja »nur« die Persönlichkeit betrachtet wurde, möchte ich aus eigener Erfahrung noch hinzufügen: Leute, die barfuß laufen sind natürlich auch viel intelligenter, hübscher, besser trainiert, erfolgreicher, ... na gut ... ich höre ja schon auf. Dazu habe ich leider noch keine Studien gefunden. Aber wer weiß, vielleicht gibt es die ja auch bald.

RISIKEN BEIM BARFUSSLAUF

Nach all den tollen Erzählungen: Gibt es denn eigentlich keine Nachteile beim Barfußlaufen? Leider doch. Natürlich kann es dir passieren, dass du in eine Scherbe trittst (mir ist das zum Glück noch nicht passiert). Aber mal ehrlich: Wie sieht es denn längerfristig aus?

Forscher um David Jenkins[18] haben sich die Literatur zu diesem Thema angeschaut und mussten feststellen, dass noch keine aussagekräftigen Daten zur Verfügung stehen. Aus der Interpolation der diversen Veröffentlichungen lässt sich aber abschätzen, dass Barfußlaufen zu weniger Verletzungen und besserer Leistungsfähigkeit führt. Das wussten wir ja schon. Und Risiken? Die Forscher sagen, dass viele der angeblichen Nachteile nach der Literaturrecherche nicht haltbar sind.

Auch wenn sich das jetzt ein wenig heuchlerisch anhört, es ist tatsächlich schwer, Forschung zum Thema Barfußlauf und Risiken zu finden. Eine davon wäre eine Publikation von Giuliani aus dem Jahr 2011[19]. Hier wird von zwei erfahrenen Läufern berichtet, welche Barfußschuhe in ihr Training einbanden. Beide erlitten Brüche im Mittelfußknochen. Es wird darauf hingewiesen, dass Läufer bei einem Umstieg auf Barfußschuhe vom Fersenlauf auf den Mittelfußlauf wechseln sollten. Nur gut, dass du das schon wusstest. Ein kausaler Zusammenhang kann in der Veröffentlichung nicht berichtet werden, daher ist diese sehr kritisch zu betrachten. Mit der Schlussfolgerung, dass man seinen Laufstil anpassen muss, stimme ich aber vollkommen überein.

Mitte 2015 wurde eine weitere Studie zu diesem Thema veröffentlicht[20]. In ihr werden 201 Läufer (davon 107 Barfußläufer und 94 mit Schuhen) ein Jahr lang untersucht. Es wurden jeweils Daten zum Laufpensum und den Verletzungen erfasst. Im Anschluss wurde die Anzahl der verletzten Läufer, die Anzahl an Verletzungen pro Läufer und die Rate der Verletzungen ermittelt. Als Verletzungen zählten hier sowohl Verletzungen im Bewegungsapparat als auch jene der Fußunterseite.

Das Ergebnis? Absolut betrachtet gab es bei der Gruppe der Barfußläufer weniger Verletzungen des Bewegungsapparates pro Läufer. Allerdings legte diese Gruppe auch weniger Gesamtkilometer zurück, sodass die Verletzungen pro gelaufener Strecke nicht statistisch voneinander abwichen. Die Barfußläufer wiesen jedoch statistisch betrachtet öfter Verletzungen der Fußunterseite auf.

Schaut man sich die Verletzungen genauer an, so haben Barfußläufer öfter Probleme mit ihren Waden, aber weniger in ihrer Hüfte oder den Knien (welchen Grund dafür ich vermute, kannst du unter **Vorbereitungen fürs Laufen und warum du Knieschmerzen hast** nachlesen). Zudem berichteten die Barfußläufer seltener von plantarer Fasciitis (siehe **Ein kurzer Test, der zeigt, ob du bereit bist und wie du deine Füße vorbereitest**). Und selbst wenn letzteres dich doch mal erwischt hat, so könnte es helfen, Barfußlaufen als sportliche Intervention einzuführen. Eine 2017 veröffentlichte Studie[21] berichtet von einer (ja, leider nur genau einer) Triathletin, bei der dies geholfen hat. Sechs Wochen konservative Behandlung hatten zu keiner Änderung ihrer Schmerzen geführt, aber nach zwei Barfußtrainings war sie schmerzfrei.

In einer Studie aus dem Jahr 2016 kommen Ostermann und seine Kollegen sogar zu dem Ergebnis, dass Laufen in Minimalschuhen zu weniger Verletzungen führt[22]. Hier wird berichtet, dass Läufer nach einem Umstieg auf Minimalschuhe weniger Verletzungen an den Füßen und Knien erlitten. Die Teilnehmer der Studie meldeten eine Verletzungsrate von 38,3 Prozent. Das mag vielleicht zunächst recht hoch klingen. Allerdings liegt der angenommene Durchschnittswert für Läufer in traditionellen Laufschuhen bei ca. 64 Prozent. Das ist schon ein gewaltiger Unterschied. Die Studie leidet natürlich unter diversen Schwachpunkten (nur 47 Leute nahmen teil und wurden nicht überwacht, sondern berichteten ihre Ergebnisse über einen Fragebogen), zeigt aber dennoch einen deutlichen Trend, den es weiter zu untersuchen gilt.

Ähnliche Ergebnisse wurden auch bei einer Studie aus dem Jahr 2017[23] erzielt. Hier wurde festgehalten, dass der Vorderfußlauf (in Minimalschuhen) optimale mechanische Begebenheiten für die Strukturen des Fußes und Knöchels darstellt. Es wird impliziert, dass durch eine Umstellung (Läufer-)Verletzungen verringert werden könnten.

Solltest du bereits Probleme in der Achillessehne oder dem Becken haben, so ist Barfußlaufen mit Bedacht zu genießen. Laut Sinclair [24] ist die Belastung beim Barfußlaufen auf eben jene beiden Körperteile erhöht. Das ist also noch kein Verbot, dennoch solltest du hier vermutlich etwas sorgsamer planen, wie schnell du wie weit barfuß laufen möchtest. Tatsächlich scheint Barfußlaufen laut einiger Studien[25] auch weniger stabil zu sein als in Schuhen zu laufen. Solltest du also in diesem Bereich Probleme haben, ist ebenfalls zu mehr Vorsicht geraten.

Deine Füße kennenlernen und sie auf das Laufen vorbereiten

EIN ERSTES HALLO

Vielleicht kennst du deine Füße schon recht gut, vielleicht auch nicht. Eine gute Bekanntschaft mit deinen Füßen ist nicht unbedingt nötig, um barfuß laufen zu können. Sie wird dir aber ungemein dabei helfen, es mehr zu genießen.

Wie kann man seine Füße also besser kennenlernen? Nein, du musst jetzt nicht die lateinischen Namen aller 28 Knochen lernen (28? Wow, das zeigt doch schon mal, dass der Fuß ziemlich wichtig für uns sein muss ...). Es ist viel einfacher: Man sollte sie mehr benutzen. Fang einfach an und geh ein wenig barfuß in der Wohnung herum. Wenn dir das behagt, vielleicht auch mal draußen auf Feldern, Wiesen oder Sportplätzen. Zunächst einfach überall, wo du dich sicher genug fühlst, deine Schuhe auszuziehen und nicht über Splitter, Scherben oder ähnliches nachdenken musst.

VORBEREITUNGEN FÜRS LAUFEN UND WARUM DU KNIESCHMERZEN HAST

Ich habe lange mit einem Freund von mir, der Physiotherapeut und Osteopath ist, über die Bedeutung der Fußrotation gesprochen. Wir waren uns dahingehend einig, dass Füße, die beim Gehen gerade nach vorne zeigen oder leicht nach außen rotiert sind, den Idealzustand darstellen. Ich persönlich stehe aktuell immer mit etwas weiter geöffneten Füßen – eine meiner Kampfkunst-Angewohnheiten (Ich mache Judo, seit ich sechs Jahre alt bin. Dort gilt in vielen Situationen ein Stand mit nach außen rotierten Füßen als wünschenswert. Ich arbeite gerade daran, mir dies im Alltag abzugewöhnen). Allerdings achte ich konkret darauf, nicht so zu gehen.

In unsere Diskussion warf ich die Meinung ein, Menschen, welche ihre Füße beim Gehen stark nach außen rotieren, sollten dies nach Möglichkeit korrigieren. Er erwiderte zurecht, dass dies den meisten sehr schwerfallen würde, weil sie sich diesen Gang über Jahrzehnte angewöhnt haben. Nichtsdestotrotz kann das ein Problem darstellen. Und zwar dann, wenn man Charlie-Chaplin-mäßig so weit nach außen rotiert, dass der Knöchel die stützende Funktion des Fußes übernehmen muss, die ihm eigentlich nie zuteilwerden sollte. Wie das passieren kann?

Im Idealfall verfügst du über einen stabilen Fuß, der den Schock beim Aufprall absorbieren kann, einen mobilen Knöchel, welcher sich gut an die Position des Fußes anpassen kann und ein Knie, welches unterhalb deines Oberschenkels schön hin- und her schwingen kann. Eine Möglichkeit, eine solche Konstellation zu bezeichnen, ist die der »kinetischen Kette«. Hier wird Energie in deinem Körper über mehrere Punkte weitergegeben. Kann einer dieser Punkte – aus welchem Grund auch immer – nicht das tun, wofür er konzipiert ist, so kann dies zu Problemen führen. Ein Beispiel findet sich schnell in der Außenrotation deiner Füße beim Gehen. Hier wird dein Knöchel sozusagen zum fixierten Teil. Du erinnerst dich: Eigentlich sollte das Knie schön frei schwingen können. Nun übernimmt aber dein

Knöchel nicht mehr die Funktion der Anpassung an die Position, in der dein Fuß aufkommt. Der Impuls wird dementsprechend an den nächsten Teil der kinetischen Kette weitergeleitet – dein Knie. Und da dein Knie nicht dafür gemacht ist, sich in solchen Dimensionen zu bewegen, tut es dir auf einmal weh. Das ist auch einer der wichtigen Gründe dafür, einen sanften Einstieg in die Welt des Barfußlaufens zu wählen.

EIN KURZER TEST UND WIE DU DEINE FÜSSE VORBEREITEST

Hier mal ein paar Punkte, an denen du festmachen kannst, ob du gut auf den Barfußlauf vorbereitet bist. Und falls du es noch nicht bist, so befassen wir uns auch gleich damit, wie du das ändern kannst (später kommen wir auch noch zum Thema Dehnen generell):

1. Deine Füße zeigen beim Gehen /Laufen fast gerade nach vorne.

Warum das gut ist: Naja, das hast du ja weiter oben gerade schon gelesen. Was du tun kannst: Sollten sie es nicht tun, hilft es tatsächlich, sich einfach oft im Alltag daran zu erinnern. Sowohl beim Stehen, beim Gehen, als natürlich auch beim Laufen. Im Idealfall legst du kurze Übungsläufe ein, bei denen du dich alleinig auf diesen Punkt konzentrierst. Lauf doch einfach mal 100 Meter und denk dabei wirklich nur daran, deine Füße nach vorne zeigen zu lassen. Die Distanzen können mit der Zeit immer länger werden. Hier ist eher deine mentale als deine körperliche Kapazität der begrenzende Faktor.

2. Du bekommst deine Knie über deine Zehen.

Was? Ganz einfach: Setz dich so auf einen Stuhl, dass deine Ober- und Unterschenkel im 90-Grad-Winkel aufeinandertreffen. Deine Füße sollten vollständig und flach auf dem Boden stehen. Nun schiebst du deine Oberschenkel weiter nach vorne, ohne deine Füße vom Boden zu nehmen. Schaffst du es hier, deine Knie weiter nach vorne zu bringen als deine Zehenspitzen? Sehr gut. Das bedeutet, dass deine Achillessehne gedehnt genug ist. ***Warum das gut ist:*** Stell dir die Abrollbewegung deines Fußes vor. Du drückst dich mit dem Ballen vom Boden ab. Wo ist dein Fußballen in dem Moment, in dem er den Boden verlässt im Idealfall? Richtig: Hinter deiner Hüfte. Wir können uns sicher darauf einigen, dass es keinen Sinn ergibt, den Fuß vor der Hüfte zu heben, oder? Erinnere dich hier kurz an deinen Physikunterricht und wie Kräfte wirken. Sehr gut. Und damit der Fuß in seiner Idealposition noch abrollen kann, benötigst du eine flexible Achillessehne. ***Was du tun kannst:*** Nicht geschafft? Kommt vor. Bestimmt hast du dir so gut angewöhnt, dein Knie maximal bis über die Zehen zu bringen, weil du viele Kniebeugen machst, um dich zu kräftigen. Sehr gut! Und auch sonst ist das kein Problem, wir arbeiten daran. Du kennst bestimmt die Übung, bei der du deine Waden dehnst, indem du dich mit dem Gesicht zu einer Wand schräg dagegen lehnst und die Fersen auf den Boden drückst. Nun müssen wir nur dafür sorgen, dass es deiner Achillessehne mehr bringt. Lege dazu einfach etwas unter die Innenseite deines Fußes. Das kann eine Flasche, ein Schuh (den brauchst du ja zum Laufen nicht mehr) oder ein Handtuch sein. So fällt es dir leichter, auch diese Sehne zu dehnen. Alternativ kannst du dich auch mit dem Ballen auf eine Treppenstufe stellen, sodass deine Hacke in der Luft ist. Nun lässt du diese vorsichtig herab, damit die Sehne gedehnt wird.

3. Du kannst deinen großen Zeh anheben.

Aus der sitzenden Position von gerade versuchst du einfach mal, deinen großen Zeh (ruhig auch mit Hilfe der Hand) anzuheben. Schaffst du das, ohne dass dein Fußballen den Boden verlässt? Klasse.

Warum das gut ist: Deine Plantarfaszie (oder »Apneurosis plantaris« – das Wort brauchst du zwar nicht, kommt aber gut an) ist gedehnt genug. Das ist eine Sehnenplatte im Bereich der Fußsohle. Vielleicht kommt dir das Wort auch bekannt vor, weil die Probleme des Fersensporns und der Plantarfasziitis hier ihren Ursprung haben. Die Flexibilität in diesem Bereich ist wichtig, damit du beim Laufen korrekt über deinen Zeh abrollen kannst. Ist dies nicht gegeben, führt es wiederum dazu, dass du deine Füße vermutlich nicht gerade halten wirst (siehe Punkt 1 der Liste).

Was du tun kannst: Du kannst es dir fast denken, was? Klar, dehnen wäre auch hier angesagt, ist nur ziemlich schwer durchführbar, weil dieser Bereich so fest ist (genau das soll er ja auch sein). Besser ist es, wenn du dir einfach deinen Fuß nimmst und ihn ordentlich durchknetest. Setz dich dazu gemütlich hin, lege einen Fuß über dein anderes Knie und massiere mit beiden Daumen die Unterseite deines Fußes. Wenn du hier Verspannungen fühlst, ist das genau der Punkt, den du drücken möchtest. Bewege dabei deine Zehen auf und ab und bald wird es besser.

4. Du kannst deinen großen Zeh unabhängig von den anderen bewegen.

Stell dich mal ganz normal hin. Achte darauf, dass dein gesamter Fuß den Boden berührt. Jetzt drück deinen großen Zeh bewusst auf den Boden, während du die anderen abhebst. Und nein: Den Knöchel ausdrehen zählt nicht. Dein großer Zeh darf sich hierbei nicht krümmen. Dies würde bedeuten, dass du keine gute Kontrolle über die Muskeln im Fuß hast, sondern die deines Unterschenkels nutzt.

Warum das gut ist: Eine gute Kontrolle deiner Muskeln ist enorm wichtig für eine gute Kontrolle deines Fußes. Soweit nichts Neues. Aber denk nochmal genauer darüber nach: Wenn du etwas greifen möchtest, bist du vermutlich auch sehr froh über einen Daumen (Kennst du die Folge von Darkwing Duck, in der die Katzen sich mechatronische Daumen bauen, um endlich selber ihr Katzenfutter zu öffnen und somit zur überlegenen Spezies werden? Oh, ich schweife wohl ab ...). Ein großer Teil der Kontrolle über deinen Fuß und seine Bewegung kommt aus genau dem Impuls, den wir hier gerade getestet haben. Und wir sind uns bestimmt einig, dass eine gute Kontrolle dir hilft dich auf verschiedene Untergründe, Situationen, etc. einzustellen.

Was du tun kannst: Mehr Kontrolle über Muskeln zu erlangen, ist immer schwer. Lass es uns mal so versuchen: Dein Fuß steht wieder komplett auf dem Boden. Nun legst du ein Lineal oder etwas Vergleichbares unter deinen großen Zeh und drückst ihn damit nach oben. Im Anschluss beginnst du mit dem Zeh dagegen zu drücken. Je öfter du das machst, desto besser kannst du unterscheiden, nur mit deinem großen Zeh und nicht mit dem gesamten Vorfuß zu drücken.

WARUM EINE GUTE KONTROLLE WICHTIG IST

Wir haben weiter oben oft von einer guten Kontrolle deiner Füße bzw. der Fußmuskeln gesprochen. Warum das so wichtig ist? Einfaches Beispiel: Schau dir mal ein Baby an, das gerade lernt zu laufen. Es weiß noch nicht, wie es die Füße und Beine korrekt koordinieren kann, ganz zu schweigen vom Gleichgewicht oder den kleinen Korrekturen der Füße, die den Stand wirklich sicher machen. Irgendwann kann das Kind dann gehen und sogar laufen. Aber vermutlich wirft es seine Beine noch recht wild durch die Gegend, fällt hin und so weiter.

Und auch wir Erwachsenen fallen noch hin. Laufen kommt uns so einfach vor, weil es so alltäglich ist. Aber wenn man sich mal die Statistiken anschaut, wird schnell klar, welch extremes Feintuning hier stattfinden muss. Jemand, der schon eine Weile mit Schuhen läuft, hat bei einer Geschwindigkeit von 6,5 Minuten pro Kilometer (etwa 9,2 km/h, ein angenehm gemütliches Tempo für viele) vielleicht eine Schrittfrequenz von etwa 160 Schritten pro Minute. Aber natürlich bleibt hierbei nicht der eine Fuß auf dem Boden, bis der andere aufsetzt (das wäre meines Wissens die olympische Disziplin Gehen). Spannend ist also die Bodenkontaktzeit. Hier ist ein Wert von etwa 260 Millisekunden realistisch. Das heißt, wir haben pro Schritt nur eine Viertelsekunde Zeit, den Fuß korrekt zu platzieren, aufzusetzen, zu belasten, abzurollen und wieder abzustoßen. Wie lange hast du an diesem Satz gelesen? Sicher mehr als eine Viertelsekunde. Schon eine enorme Leistung, die wir da vollbringen.

Wenn du keine Kontrolle über deine Zehen hast, wirst du die Viertelsekunde nicht so gut nutzen können. Und wie gesagt, das sind erst die Zahlen für die beschuhten Läufer. Dementsprechend sollten wir uns das Leben leichter machen und diese Kontrolle trainieren. Erst so ermöglichen wir es unserem Körper, die erhoffte Leistung zu erbringen.

Mir sei eine kurze Randnotiz erlaubt, wenn wir schon über Zahlen sprechen: Erinnerst du dich, dass ein Läufer, der in Schuhen über die Hacke läuft, das 1,7-fache seines Körpergewichts aushalten muss? Und jetzt wissen wir auch, dass er das 160 Mal in der Minute tut. Wow. Warum tut man sich das freiwillig an? (Also, wenn das kein Argument ist, deine Freunde vom Vorderfußlauf zu überzeugen ...).

WIE LANGE DAUERT DIE UMSTELLUNG AUFS BARFUSSLAUFEN?

Eine berechtigte Frage. Später in diesem Buch schauen wir uns zusammen einen möglichen Plan für Einsteiger an. Aber die Frage bleibt: Wie lange brauche ich etwa, um mich umzustellen? Und was passiert in der Zeit?

Das fragten sich auch Fleming und Kollegen[26] und untersuchten die Auswirkungen des Barfußlaufens auf die unteren Extremitäten sowie die Muskelaktivität bei Menschen, die es gewohnt waren, in Schuhen zu laufen. Die Probanden hatten vorher keine Erfahrung mit dem Barfußlaufen und liefen jeweils in drei Geschwindigkeiten für jeweils eine Minute auf einem Laufband. Hierbei wurde der Barfußlauf mit dem Lauf in Schuhen verglichen. Mittels Videoanalyse wurde die Bewegung von Knöchel, Knie und Hüfte ausgewertet. Auch die kinetische Energie wurde gemessen. Die Muskelaktivität erhoben die Forscher per Elektromyographie.

Und das Ergebnis? Barfußlaufen führte zu einer deutlich erhöhten Schrittfrequenz und einer kürzeren Bodenkontaktzeit (welches hier beides als positiv eingestuft wird). Zudem verringerte sich der Bewegungsradius des Knies und der Hüfte, während der Knöchel nun einen höheren Bewegungsspielraum aufwies (warum das gut ist, kannst du unter **Vorbereitungen fürs Laufen und warum du Knieschmerzen hast** nachlesen).
Interessant an dieser Studie ist aus meiner Sicht vor allem die Feststellung, dass sich die Muskelaktivierung und die Kinematik schon innerhalb weniger Sekunden (etwa 30) ändern können, auch wenn du als Läufer keine entsprechenden Vorkenntnisse hast.

In einer Studie von da Silva[27] zeigte sich, dass Probanden, welche barfuß fünf Kilometer auf einem Laufband laufen sollten, ihren Stil oft ganz von selbst auf den Vorderfußlauf umstellten. Hierdurch nutzten sie wie erwartet vermehrt ihre Wadenmuskulatur. Wenn du also das erste Mal barfuß läufst, kann es durchaus sein, dass du unerwartet starken Muskelkater bekommst.

Du wirst vermutlich also schon vieles automatisch richtig machen und musst keine Angst vor einem langwierigen Umstieg haben. Und beim Rest hilft dir hoffentlich dieses Buch. Selbst als gut trainierter Läufer stellst du deinen Laufstil vermutlich automatisch sehr schnell um, wenn du barfuß läufst. Dies stellte auch eine Studie aus dem Jahr 2017[28] fest.

Wenn du ein Mann bist, habe ich sogar noch mehr gute Nachrichten für dich: Deine Achillessehne gewöhnt sich laut einer amerikanischen Forschergruppe rund um Joseph[29] schneller an die Belastungen des Barfußlaufens als die von Frauen. Genauer gesagt, gewöhnt sie sich schneller an Minimalschuhe. In einem zwölfwöchigen Programm wurden 15 Frauen und sieben Männer (keine besonders tolle Stichprobengröße …) untersucht, welche bereits längere Erfahrung im Laufen mit traditionellen Laufschuhen hatten. Beim Umstieg auf Minimalschuhe konnten die Männer mehr Kraft erzeugen und ihre Achillessehnen wurden härter als die der Frauen.

Die gute Nachricht, wenn du eine Frau bist: Auch du wirst vermutlich keine Probleme bekommen. In der Studie wurde ja nur geschaut, wer sich schneller an die Belastung gewöhnt. Also einfach weiterlaufen!

Laufschuhe

DIE HISTORISCHE ENTWICKLUNG VON LAUFSCHUHEN

Für Menschen wie mich, die in den 90ern (oder später) geboren sind, ist es vollkommen normal, immer und überall Schuhe zu tragen. Viele tun dies sogar zu Hause in der Wohnung. Spätestens beim Sportunterricht brauchten wir natürlich spezielle Sportschuhe. Am besten noch ein Paar für die Halle und ein Paar für draußen. Ich gebe zu, dass ich dieses Konzept mit sechs Jahren noch nicht hinterfragt habe. Damals erfreute ich mich einfach an den coolen Farben und brauchte unbedingt die gleichen Schuhe mit den schicken Streifen wie die anderen Jungs.

Für jeden, der vor den 70ern geboren wurde, sieht die Sache wohl deutlich anders aus. Die meisten werden sich gut daran erinnern, entweder barfuß oder in ganz normalen Schuhen draußen und beim Sport gewesen zu sein. Denn Sportschuhe kamen erst in den 70ern auf den Markt und in Mode.

DIE LAUFSCHUH-MODERNE

Die modernen Laufschuhe mit ihrer Fersenpolsterung zwingen einen schon fast dazu, mit der Ferse aufzutreten. Meist hängt das damit zusammen, dass – um die Polsterung erzielen zu können – auf eine hohe Sprengung gesetzt wird. Die Sprengung eines Schuhs bezeichnet, grob gesagt, den Höhenunterschied zwischen vorne und hinten. Wenn du also vorne nur eine dünne Sohle hast und im Fersenbereich viel Polsterung, so hat dein Schuh vermutlich eine große Sprengung. Damit kannst du deinen Fuß nicht mehr im normalen Winkel auf den Boden aufsetzen, weil deine Ferse quasi immer zuerst aufkommt. Natürlich ist nicht jeder Schuh gleich und mittlerweile bekommt man viele verschiedene Treter mit den unterschiedlichsten Ansprüchen und Merkmalen.

Eine Studie aus dem Jahr 2020[30] zeigt übrigens, dass Kinder, welche in der Schule ein Barfußlaufprogramm durchlaufen (hihi) haben, deutlich kürzere Bodenkontaktzeiten und längere Flugzeiten beim Laufen aufwiesen als die Kontrollgruppe. Zudem konnten sie signifikant höher springen. Das könnte ja auch mal ein Argument dafür sein, Kindern Schuhe zwar bestimmt nicht zu verbieten, aber sie gleich bei der Erziehung ein wenig dafür zu sensibilisieren, dass Barfußlaufen nichts Schlechtes ist. Und wer schonmal Kinder im Sommer erlebt hat, weiß, dass sie das sowieso wollen.

LAUFSCHUHE NUTZEN SICH AB

Dass Laufschuhe sich abnutzen, ist nichts Neues. Das tun Füße natürlich auch. Füße musst du allerdings im Normalfall nicht neu kaufen, sie regenerieren sich von selbst. Laufschuhe nicht. Und das findet die Industrie bestimmt auch nicht schlimm. Heutzutage wird einem ja gleich beim Kauf eines neuen Schuhs erzählt, ab wann man einen neuen braucht und wie viele man insgesamt haben sollte (ab

750 oder 1000 Kilometern einen neuen Schuh kaufen und so viele verschiedene Paare haben, wie man Tage in der Woche läuft, wären gängige »Weisheiten«).

Aber warum brauche ich überhaupt neue Schuhe? Ich habe vor kurzem erst Sportschuhe entsorgt, die ich rund 15 Jahre lang als Indoor-Schuhe genutzt hatte. Hat auch immer gut funktioniert. Aber toll waren die dann halt nicht mehr.

Eine Arbeitsgruppe um Dr. Stephen M. Cook[31] hat sich damit beschäftigt, wann Schuhe ihre absorbierende Funktion verlieren. Sie kamen zu dem Ergebnis, dass Schuhe bei einem simulierten Lauf schon nach rund 80 Kilometern nur noch 75 Prozent ihrer schockabsorbierenden Wirkung aufweisen konnten. Nach rund 160 Kilometern lag dieser Wert nur noch bei 67 Prozent und nach guten 800 Kilometern lag er bei 60 Prozent. Das hört sich erst mal ganz schön viel an. Als dann Probanden statt Maschinen zum Einsatz kamen, zeigte sich allerdings, dass von der Wirkung der Schuhe an realen Füßen nach 800 Kilometern immerhin noch 70 Prozent erhalten bleiben. Diese Ergebnisse waren übrigens unabhängig von Preis und Marke der Schuhe.

Mehr Barfußlaufen schont also die teuren Laufschuhe.

LAUFSCHUHE SIND NICHT NACHHALTIG

Hier soll es zumindest in einem kurzen Abschnitt mal nicht um die rein (wissenschafts-) sportliche Betrachtung des Barfußlaufens gehen. Vielmehr sei darauf hingewiesen, dass Schuhe, und natürlich auch Laufschuhe, eine ganz schön große Menge Müll produzieren. Dies ist zwar weder der richtige Platz, noch bin ich der richtige Experte, um lange Ausführungen zu dieser Gesamtthematik zu liefern. Dennoch können wir uns ja einmal die Zahlen anschauen:

Es wird geschätzt, dass jedes Jahr rund 20 Milliarden Paar Schuhe hergestellt werden. Etwa 300 Millionen Paar werden jedes Jahr weggeworfen. Natürlich wird ein Großteil davon nicht aus Laufschuhen bestehen. Aber wer kennt ihn nicht, den gut gemeinten Tipp aus Laufmagazinen und Büchern, etwa so viele Paar Laufschuhe zu besitzen, wie man Tage die Woche laufen geht (s.o.)? Da kann durchaus eine beträchtliche Menge an Schuhen zusammenkommen. Und dann soll man seine Laufschuhe ja auch nicht zu lange tragen (siehe »Laufschuhe nutzen sich ab«).

Das Problem an der Herstellung von Schuhen ist, dass der Prozess den Einsatz vieler Chemikalien benötigt. Gerade der Kunststoff Ethylenvinylacetat, der sich in der Mittelsohle vieler Laufschuhe findet, wird erst in etwa 1.000 Jahren natürlich abgebaut.

Die Alternative ist für jeden, der dieses Buch liest, hoffentlich recht naheliegend: Weniger Laufschuhe kaufen und bei den anderen Schuhen vielleicht auch mehr auf Nachhaltigkeit und die verwendeten Materialien achten. Mittlerweile gibt es auch einige Hersteller, die Schuhe aus recycelten Stoffen oder teils sogar aus dem Müll aus den Ozeanen dieser Welt herstellen. Ich habe es mittlerweile immerhin geschafft, mir eine Badehose aus solchem Material zu kaufen. Mein letzter Laufschuhkauf ist schon etwas her ;)

SCHUHE MIT EINLAGE MACHEN DEINE FÜSSE SCHWACH

Eine Fußorthese macht deine Füße schwächer. Was ist eine Orthese? Das ist ein ziemlich weitläufig definierter Begriff und bezeichnet erstmal alles, was deinen Bewegungsapparat ruhigstellen, unterstützen, entlasten oder korrigieren kann. Nun gibt es extra von Orthopäden für dich angefertigte Einlagen. Und ich möchte dir nicht ausreden, dass diese gut sind. Eine solche Entscheidung kann ein Arzt oder Orthopäde im Einzelfall ganz sicher sehr viel besser treffen als ein Buch. Und es ist natürlich klar, dass es viele Situationen gibt, in denen der Körper eben jene Entlastung oder Unterstützung gut gebrauchen kann. Wenn du also akute Schmerzen beim Gehen oder Laufen ohne Einlagen hast, so können sie durchaus angebracht sein. Wenn es aber so ist wie bei mir und du die Einlagen nur verschrieben bekommen hast, weil dein Arzt die tatsächliche Ursache für deine Schmerzen nicht gefunden hat oder nicht finden wollte ... Dann solltest du vielleicht nochmal einen Moment länger darüber nachdenken, ob du sie trägst.

Worauf ich mich hier beziehe, sind aber in erster Linie die Einlagen, die fast jeder von uns jeden Tag trägt – weil die (Lauf-)Schuhe, die wir kaufen, eben nun mal mit so etwas ausgestattet sind. Die Einlage des Schuhs drückt hier von unten mittig in deinen Fuß. Nun ist der Fußbogen bei allen Menschen so unterschiedlich ausgeprägt, dass klar sein sollte, dass kein industriell und massenhaft hergestellter Schuh genau für deinen Fuß gemacht sein kann. Trotzdem gibt es Schuhe, die dir schlechter passen und solche, die besser zu deinem individuellen Fuß passen.

Doch sollte es überhaupt dein Ziel sein, Schuhe zu finden, welche möglichst genau deinem Fuß folgen, um sich so möglichst präzise an ihn anzuschmiegen? Wenn du mich fragst, natürlich nicht. Auch hier nimmst du dir wieder eine Möglichkeit, deinen Fuß natürlich zu bewegen und den Fußbogen zu trainieren. Im Jahr 2016 fanden McClinton[32] und seine Kollegen heraus, dass ein längeres Tragen von Einlagen deine Fußmuskulatur schwächt. Also nächstes Mal doch lieber die Schuhe mit den flachen Sohlen kaufen.

BARFUSSSCHUHE

»Barfußschuhe«. Cooles Wort. Fast so sinnvoll wie »Ich-AG«. Vielleicht auch deshalb heißen sie im englischen Sprachraum »minimalist shoes« (hierzulande kann man natürlich auch von »Minimalschuhen« reden). Wie dem auch sei. Es handelt sich um eine recht neue Schuhkategorie, welche sich durch ein geringes Gewicht, eine geringe Sprengung, eine geringe Dämpfung und eine hohe Flexibilität auszeichnet.

Natürlich treffen nicht immer alle dieser Kriterien bei jedem Schuh zu und man sollte schon gut hinschauen, ob hier etwas den Namen vielleicht nur bekommen hat, um unter neuem Aspekt verkauft werden zu können.

Aber brauche ich jetzt überhaupt so einen Schuh? Meine Antwort wäre: Je nach Laufstrecke und Vorhaben ja oder nein. Hilfreich, oder? Vielleicht sollte ich das noch ein wenig ausführen: Wenn du sowieso nur einmal die Woche auf Rasen, Tartan oder ähnlichem laufen möchtest, kannst du das auch barfuß tun und musst kein Geld für zusätzliche Schuhe ausgeben. Wenn du öfter läufst und/oder gerne die Strecken variieren möchtest, so kann es schon sinnvoll sein, sich entsprechende Schuhe zu besorgen.

Ich habe eine Strecke nahe meiner Wohnung, die bei gutem Wetter wirklich wunderschön ist. Zudem kann ich noch ein wenig Bergtraining einbauen. Das Problem sind nur die vielen großen und kleinen (und spitzen) Steine an bestimmten Stellen der Strecke. Hier kann ich nur unter größter Vorsicht barfuß laufen. Für solche Gelegenheiten finde ich minimalistische Schuhe super. Das gilt ebenso, wenn du weißt, dass bei dir in der Gegend immer viele Glasscherben oder vergleichbares herumliegen. Leuten, die gerne barfuß laufen würden, sich aus optischen Gründen aber nicht trauen, kann man solche Schuhe natürlich auch ans Herz legen – oder einfach ein bisschen Mut, anders zu sein. Aber das muss jeder selber wissen.

Mal angenommen, du möchtest eigentlich gar nicht barfuß laufen und liest das hier nur, weil du mehr über das Thema lernen möchtest – hilft es dir dann überhaupt, den Schritt in Richtung Minimalschuh zu wagen? Na klar. Zumindest, wenn du dann auch deine Lauftechnik umstellst und deine Schrittfrequenz anpasst. So sieht das zumindest Jeffrey Rixe in seiner 2012 veröffentlichten Arbeit[33] über die Frage, ob Minimalschuhe das Verletzungsrisiko mindern. Die Antwort: Wenn du auf den Vorderfußlauf wechselst und kürzere, schnellere Schritte machst, verringert sich die Wahrscheinlichkeit einer Verletzung. Hier wird sogar offen die Empfehlung ausgesprochen, mehr Läufer an solche Schuhe und diese Art des Laufens heranzuführen.

Eine ebenfalls 2012 veröffentlichte Studie[34] bescheinigt, dass Barfußschuhträger zwar nicht um Welten, aber dennoch signifikant ökonomischer laufen als Menschen mit normalen Schuhen. Und das unabhängig von der Laufart, Schrittfrequenz und Masse der Schuhe. Es wird nahegelegt, dass mehr elastische Energie in den Beinen und Füßen gespeichert werden kann als bei normalen Laufschuhen.

2016 gab es dann einen Vergleich zwischen Minimalschuh, Flip-Flops und Clogs[35]. Das Ergebnis? In Minimalschuhen entwickelt man eine deutlich bessere Balance als in den beiden anderen Schuharten. Die Autoren führen dies auf ein erhöhtes Feedback zurück. Du fühlst den Boden einfach besser, also kannst du auch besser deine Balance halten. Die Studie hat leider nicht untersucht, ob es vielleicht noch besser wäre, gleich ganz auf Schuhe zu verzichten, aber die Tendenz legt dies zumindest nahe.

Und wenn du dich einfach nicht traust, barfuß zu laufen und überlegst, was du stattdessen anziehen solltest, um dem Trainingseffekt möglichst nahe zu kommen? Hierzu wurde 2015 eine Studie[36] veröffentlicht, welche »normale« Laufschuhe mit den bekannten »Free«-Modellen und wirklich minimalistischen Barfußschuhen vergleicht. Das Ergebnis fällt wie erwartet aus:
Der Unterschied zwischen Barfußlaufen und allen Schuhvarianten war sehr deutlich. Sobald die Probanden barfuß gelaufen sind, setzten sie deutlich seltener mit der Ferse auf (etwa 59 Prozent der Zeit). Liefen sie hingegen in nor-

malen Laufschuhen mit Dämpfung, so lag dieser Faktor bei knapp 94 Prozent. Und nur der Vollständigkeit halber: Mit den Minimalschuhen lag er bei 63 und mit den gedämpften »Minimalschuhen« der Marke mit der Siegesgöttin bei knapp 89 Prozent.

Wir haben also festgestellt, dass es durchaus sinnvoll sein kann, Minimal- oder Barfußschuhe zu besitzen. Worauf du beim Kauf achten solltest:

- Niedriges Gewicht der Schuhe
- Eine geringe Sprengung (die Ferse sollte also nicht deutlich höher stehen als deine Zehen)
- Eine geringe Dämpfung (hilft dir auch dabei, deinen Laufstil umzustellen und ist ökonomischer)
- Gute Flexibilität (bieg den Schuh mal ein wenig in deiner Hand. Kann dein Fuß Bewegungen machen, die der Schuh verhindern würde? Nicht gut)

Sollten dir die angebotenen Minimalschuhe übrigens zu teuer sein, so können Strandschuhe bzw. Neoprenschuhe eine gute Alternative sein. Ich habe mir mal welche zum Surfen gekauft und hatte so etwas vorher gar nicht auf dem Schirm. Sie sind in erster Linie dazu gedacht, deine Fußsohlen vor scharfkantigen Dingen im Meer zu schützen. Also sind sie auch prädestiniert dafür, dich vor ähnlichem auf deiner heimischen Straße zu bewahren. Das Gute: Sie sind relativ günstig. Ich habe für mein Paar um die 20 Euro bezahlt. Das nicht ganz so Gute: Sie sind nicht primär aufs Laufen ausgelegt. Daher wird die Sohle vermutlich nicht so lang halten wie bei dezidierten Laufschuhen. Einen Versuch ist es aber durchaus wert, und wenn du mal Surfen gehen willst, hast du auch gleich schon das passende Schuhwerk.

Studien zu Minimalschuhen nehmen übrigens an Fahrt auf in den letzten Jahren, und so würde ich hier gerne noch einige spannende Informationen zum Besten geben.

Zunächst muss man ganz einfach der Realität ins Auge blicken und festhalten, dass schwerere Läufer einem größeren Risiko unterliegen, sich zu verletzen, wenn sie in Minimalschuhen (statt konventionellen Laufschuhen) laufen.[37]

Ein Umstieg (wiederum von normalen Schuhen) zu Minimalschuhen kann sich dafür auch für deine Wettkampfzeiten lohnen. In einem Versuch von 2019 über sechs Wochen[38] wurden Minimalschuhe graduell ins Training eingebaut und die Laufökonomie sowie die Leistung erhöhten sich. Auch wenn du schon älter bist, oder entsprechende Verwandte hast, die davon profitieren könnten, so mag sich ein Umstieg auf Minimalschuhe lohnen. So zeigt der Versuch auch, dass Studienteilnehmer in Minimalschuhen stabiler unterwegs waren als in herkömmlichen. Zudem waren sie im sogenannten »TUaG Test« schneller. Dieser misst die funktionale Leistung, welche bei Gang- und Drehbewegungen zum Tragen kommt. Hierbei sitzt der Versuchsteilnehmer auf einem Stuhl, steht auf, geht drei Meter, dreht sich um, geht zurück und setzt sich wieder hin.[39]

FLIPFLOPS & DER WINDLASS-MECHANISMUS

Flipflops sollten doch sicher ein guter Ersatz für Schuhe sein, oder? Leider nicht. Ich trage sie zwar selbst immer noch sehr gerne, aber meine Begeisterung lässt nach, je mehr ich mich mit dem Thema beschäftige. Warum? Ein Hauptgrund hierfür findet sich im Windlass-Mechanismus des Fußes.

Dieser Mechanismus wurde erstmals 1954 beschrieben[40] und stellt einen wichtigen Bestandteil der gesunden Fußstruktur und -mechanik dar. Er unterstützt den Übergang von der Stand- in die Abdruckphase des Fußes. Ohne hier zu tief in die Anatomie einsteigen zu wollen, sei kurz erläutert, dass dieser Mechanismus über die Länge deines Fußes verläuft, unter den Mittelfußknochen hergeleitet wird und schließlich an der Basis deiner Zehen befestigt ist. Wenn du die Zehen (insbesondere den großen Zeh) eines belasteten Fußes anhebst, so ziehst du deine Plantarfaszie in die Länge und der Fußbogen wird gewölbt. Wenn du dich nun normal nach vorne bewegst, so spannst du die entsprechenden Bänder des Fußgewölbes. Dein Fuß wird steifer und spannt sich. Ein bisschen kannst du dir das wie eine Feder vorstellen, bei der Energie gespeichert wird. Je stärker du dabei das Zehengrundelement senken kannst, desto mehr Energie kannst du hier in die Spannung legen. Hieraus ergibt sich eine größere Hebelkraft und du kannst einfacher gehen.

»Windlass« ist übrigens das englische Wort für »Winde« und das Ganze heißt so wegen der Umlenkfunktion, welche hier stattfindet. Dein Körper nutzt also die Mittelfußknochen als Winde.

Und was hat das nun mit Flipflops zu tun? Es betrifft den Umstand, dass du bei diesen Sandalen die Hälfte der Zeit damit beschäftigt bist, sie mit deinen Zehen zu krallen, damit sie dir nicht vom Fuß rutschen. Und das ist schon fast die genau gegenläufige Bewegung zum Windlass-Mechanismus. Du trainierst dir hiermit also eine sehr gesunde und hilfreiche Bewegung ab.

Sieh diesen Abschnitt aber bitte nicht als Verbot, sondern vielmehr als nett gemeinte Aufklärung darüber, was du mit dem Tragen von Flipflops in Kauf nimmst.

DU WILLST ABER UNBEDINGT MIT SCHUHEN LAUFEN? NA GUT!

Ich möchte dir in diesem Buch natürlich nahelegen, so oft wie möglich barfuß zu laufen. Aber mir ist auch bewusst, dass ich das nicht bei jedem schaffen werde (Hey, immerhin habe ich es geschafft, dass du gerade dieses Buch liest. Das ist doch schonmal was!). Dementsprechend sei dir noch Folgendes mit auf den Weg gegeben:

Eine Studie[41] aus dem Jahr 2016 zeigt, dass die Muskelaktivierung mehr vom gewählten Laufstil abhängt als von der Schuhwahl. Hier wurden Barfußlaufen und Laufen in Schuhen verglichen, beides jeweils im Fersenlauf und im Vorderfußlauf. Das Ergebnis:

»Ob man Schuhe trägt oder nicht, hat weniger Einfluss auf die Muskelaktivierung, als die Art, mit der der Fuß aufsetzt.«

Und ganz ehrlich: Auch ich trage noch ziemlich häufig Schuhe beim Laufen. Das hängt insbesondere damit zusammen, dass ich nahe meiner Haustür sehr schöne Waldstrecken habe, die aber oftmals mit groben Steinen geschottert sind. Da ist dann mein Wunsch, diese Strecken überhaupt laufen zu können, größer als mein Gedanke an die möglichen (zusätzlichen) Vorteile des Barfußlaufens.

Schöne Füße trotz Barfußlauf?

Eine oft gehörte Frage ist immer wieder: »Kriege ich vom Barfußlaufen nicht total viel Hornhaut an meinen Füßen?«. Die Antwort ist ein klares und bestimmtes: Jein!
Natürlich bildet sich durch die Beanspruchung mehr Hornhaut als wenn du stundenlang in modernen Schuhen im Büro rumsitzt. Und manche Leute finden das einfach nicht schön. So weit, so schlecht.

Die gute Nachricht: Du läufst das auch einfach wieder ab. Die Hornhaut bildet sich ja, um deinen Fuß vor der gesteigerten Belastung zu schützen. Und natürlich gibt es Reibung zwischen dem Boden, auf dem du läufst und deinen Füßen. Du bekommst also mehr Hornhaut, nutzt aber auch wieder mehr davon durchs Laufen ab.

»Und Blasen? Was ist mit Blasen?« Na klar, die gibt es auch manchmal. Vor allem zu Beginn des Barfußlaufens sollte man mit Blasen an den Füßen rechnen. Wenn man zudem seinen Laufstil vom Fersenlauf auf den Vorderfußlauf umstellt, ist das für die Fußballen zunächst ungewohnt und vermutlich wirst du dort ein paar Mal Blasen bekommen. Aber ganz ehrlich: Ich habe bis dato noch keinen Laufschuh gefunden, in dem ich nach langer Belastung nicht auch Blasen bekommen hätte (und ich habe da schon so einige Anbieter, Socken, etc. durchprobiert). Nach einer gewissen Eingewöhnungsphase sollte sich das Problem weitestgehend erledigt haben.

Deine Füße werden sich also dahingehend verändern, dass sie – je nachdem, was du aktuell schon so damit anstellst – vielleicht etwas kräftiger und robuster werden. Schlechter aussehen werden sie auch: Und zwar direkt nachdem du durch die Stadt gelaufen bist. Dann heißt es erst mal ab unter die Dusche und ein wenig Dreck abwaschen. Und dann gemütlich aufs Sofa und genießen, dass man Geist und Körper etwas Gutes getan hat. Und dann sehen auch deine Füße wieder gut aus.

Wo / Wie / Wann barfuß laufen

Natürlich kann es nicht Ziel dieses Buches sein, hier die 1000 schönsten Barfuß-Laufstrecken Deutschlands aufzuführen. Schade eigentlich, aber vielleicht findet sich das demnächst mit steigender Zahl an begeisterten Barfußläufern. Und so gibt es nur ein paar Dinge, die generell zu beachten sind. Die meisten davon lassen sich auch schon mit gesundem Menschenverstand abhandeln. Dennoch möchte ich hier kurz darauf eingehen, was es zu bedenken gilt, wenn du deine neue Lieblingslaufstrecke wählst.

TRETE ICH NICHT DAUERND IN SCHERBEN?

Scherben, Splitter, spitze Steine … Das sind die Dinge, bei denen sich andere Sorgen machen, ob sie uns armen Barfüßlern nicht ungemein wehtun müssten. Und häufig werde ich gefragt: »Hast du nicht Angst, in Scherben zu treten?« Ehrliche Antwort: Nein. Das hängt einerseits damit zusammen, dass ich mir natürlich vorher überlege, welche Strecken vielleicht unklug wären. Andererseits ergibt sich durchs Laufen »unten ohne« auch eine ganz neue Art der Aufmerksamkeit. Ich trete jetzt nicht nur nicht mehr in Scherben, nein. Auch Hundehaufen, Schnecken und was einem sonst noch im Weg herumliegen kann, meide ich bewusster. Ganz automatisch schaut man viel mehr auf den Weg, den man läuft.

Das ist vielleicht auch schon der einzige Nachteil am Barfußlauf: Man kann seine Laufkumpanen und die Umwelt nicht mehr so oft ansehen. Dafür gewinnt man enorm an Kontakt und Gefühl für den Untergrund.

WAS GILT ES BEI DER WAHL DER STRECKE ZU BEACHTEN?

Hier ein paar grundlegende Tipps:

- Wenn du noch Anfänger bist, sollte die Strecke einen angenehm federnden Untergrund haben. Gut geeignet sind hier Rasen oder Tartan. Örtliche Sportplätze bieten normalerweise beides in Kombination an, sodass man die Wahl hat. Sonst einfach ab in den nächsten Park und dort ein bisschen neben den Wegen laufen.

- Bist du schon fortgeschritten(er), so kannst du fast überall laufen. Auch wenn alle immer denken, Asphalt wäre denkbar schlecht geeignet, weil er so hart ist, laufe ich persönlich sehr gerne darauf. Asphaltstrecken sind meist sehr berechenbar, was ihren Verlauf und Untergrund angeht – und weil dauernd irgendwas darüber fährt, liegen sie auch selten voll mit Stöcken oder Steinen.

- Auch einen Waldlauf kannst du ohne Probleme wagen- Hierbei ist es hilfreich, wenn man die Strecke vorher kennt. Es gibt genug Waldstücke, in denen der Weg nur aus spitzen Steinen besteht. Das macht dann wirklich überhaupt keinen Spaß. Sollte es nur eine kurze Etappe sein, so kann man diese ohne große Probleme gehen und danach weiterlaufen.

- Schlecht geeignet sind Strecken, auf denen vermehrt Scherben herumliegen. Parks, in denen gerne eine gewisse Art von Menschen herumsitzt, scheinbar mit dem Ziel, möglichst viel Müll und Flaschen zu hinterlassen, sind also nicht gerade ideal. Ebensolches gilt für Festivals, Straßenfeste, etc. Aber hier wirst du wohl eher selten auf die Idee kommen, zu laufen.

- Ebenso ungünstig ist es, wenn man den Boden schlecht sieht. Das passiert typischerweise nur in einer großen Gruppe von Menschen. Dort kann man dann aber ohne hin nicht laufen. Oder natürlich in einer großen Gruppe von Läufern. So ist es bei Straßenläufen die ersten Kilometer manchmal ein wenig kritisch. Hier sollte man sich nicht in einer eng gepackten Läufergruppe fangen lassen, sondern immer ein wenig Platz zum Vordermann wahren.

LAUFEN IM WINTER

Laufen im Winter unterscheidet sich eigentlich kaum vom Laufen im Sommer. Man sollte nur vor dem Loslaufen nicht lange herumstehen (und beispielsweise die coole neue GPS-Uhr nach dem Signal suchen lassen). Füße werden ziemlich schnell kalt und das merkt man dann auch. Das Gute: Füße können auch schnell wieder warm werden.

Oft liest man den Tipp, man solle sich langsam an die Kälte gewöhnen. Sich also peu à peu durch den Herbst an die kalte Jahreszeit herantasten. Und das bietet natürlich auch viele Vorteile. Ich habe es zugegebenermaßen bei meinem ersten Schnee-Barfußlauf verpasst, mich ordentlich vorzubereiten und bin nach längerer Barfuß-Pause einfach direkt losgelaufen. Rein in den Schnee und mal sehen, wie »es läuft«. Um es kurz zu machen: Ja, es tut weh. Das Gute: Es tut nur etwa so weh wie kleine Nadelstiche im Fuß – und das ist auszuhalten. Ich glaube, meinem Laufkumpanen hat der Anblick meiner blauer werdenden Zehen fast mehr wehgetan als mir. Als Wissenschaftler wusste ich zum Glück, dass der Körper ziemlich gut darin ist, solche Dinge zu regeln, auch ohne Zehen absterben zu lassen. Nach etwa zehn Minuten bekam ich mein Gefühl in den Füßen zurück und nach weiteren fünf Minuten wandelte sich meine blaue Zehenfarbe zu einem schönen Rot. Ab da tat nichts mehr weh und es war sehr angenehm, weiterzulaufen. Eine gute Idee auch für alle Narzissten, die gerne so oft wie möglich angeschaut werden. Ich glaube, ich hätte die Aufmerksamkeit kaum steigern können, wenn ich ein pinkes Hasenkostüm getragen hätte.

Offiziell sei hier natürlich die schonende Variante empfohlen: Durchgehend barfuß laufen und schon bereitet man sich automatisch auf die kältere Jahreszeit vor. Das einzige wirkliche Problem im Schnee kann der Grip werden. Wenn man schon mit profilierten Schuhen Rutschprobleme haben kann, so gilt dies leider für die bloßen Füße umso mehr. Wie immer ist man aber automatisch vorsichtiger und so bleibt Laufen im Schnee eine der interessantesten Sachen, die man aus Läufersicht so unternehmen kann.

Nachdem ich nun also meine eigenen Erfahrungen mit dem Barfußlaufen in kaltem Wetter gemacht hatte, lag natürlich die Frage nahe, ob meine Beobachtungen sich auf alle Menschen übertragen lassen und welches Prinzip dahintersteckt.

Tatsächlich handelt es sich um ein gut untersuchtes Phänomen. Es nennt sich »CIVD«, wobei diese Abkürzung für »Cold-Induced Vasodilatation Response« steht. »Cold-Induced« heißt einfach »durch Kälte hervorgerufen« und »Vasodilatation« (so heißt es auch auf Deutsch) setzt sich zusammen aus Vaso, den Blutgefäßen und Dilatation, der Erweiterung. Es handelt sich also um eine durch Kälte hervorgerufene Erweiterung der Blutgefäße. Und genau da wird es spannend für uns.

Sobald der Körper merkt, dass es kalt ist, versucht er, die Körperteile besser zu durchbluten, um sie warm zu halten. Ganz grob kann man sich das so vorstellen: Zunächst wird geprüft, ob die wichtigen Organe warm genug sind. Ist dies der Fall, so können Füße und Hände gewärmt werden.

Zu diesem Vorgang gibt es diverse Studien, welche sich aber zumeist auf die Finger konzentrieren. Wollen wir etwas über die Zehen lernen, so können wir uns beispielsweise die 2008 erschienene Betrachtung von van der Struijs[42] ansehen. Hier wird nicht nur – wie sonst üblich – untersucht, wie sich Probanden verhalten, wenn ihre Gliedmaßen in kaltem Wasser stecken (denn seien wir mal ehrlich: Wir wollen selten durch 5 °C kaltes Wasser laufen), sondern auch, wie es sich bei Kontakt mit kalter Luft verhält.
Dafür wurden die Finger und Zehen der Versuchsteilnehmer für eine halbe Stunde -18 °C kalter Luft ausgesetzt. Als Ergebnis wurde vermerkt, dass die CIVD (die Kälteantwort) in den Fingern stärker ausgeprägt ist. Während sie hier

nach fünf Minuten einsetzt, dauert es an den Zehen rund zehn Minuten. Bei einigen Probanden konnte keine auf CIVD zurückzuführende Reaktion festgestellt werden. Dies bestätigte sich auch in einer 2007 erschienenen Studie[43] in der eine sehr starke Varianz der CIVD auch unterhalb verschiedener Finger der gleichen Person festgestellt wurde.

Was lernen wir daraus? Es wird bei Menschen, für die es ungewohnt ist, ihre Extremitäten der Kälte auszusetzen, etwa zehn Minuten dauern, bis diese sich adaptiert haben. Diese Zeit musst du durchstehen, bis deine Füße wieder wärmer werden (nächstes Mal muss ich unbedingt messen, wie lange dies bei mir etwa dauert). Des Weiteren ist festzuhalten, dass es auch sein kann, dass die Kälteantwort bei dir nicht oder nur sehr schwach auftritt. Die Standardabweichung für das Einsetzen der Antwort lag bei der Studie bei etwa sechs Minuten. Wenn du also nach etwa 20 Minuten noch immer kalte Füße hast, könnte es sein, dass das auch so bleibt und du solltest vorerst lieber wieder in die warme Wohnung zurückkehren.

Das Schöne ist, dass man diese Antwort des Körpers auf die Kälte durchaus trainieren kann. So gab es schon 1961 Untersuchungen[44], bei denen die Probanden einen Monat lang jeweils viermal am Tag ihren Zeigefinger für 20 Minuten in ein Eisbad hielten. Nach diesem Monat setzte das Aufwärmen deutlich früher und in größerem Umfang ein als zuvor. Und sozusagen als Bonus obendrauf wurde auch der empfundene Schmerz durch das kalte Wasser immer geringer, bis er schließlich ganz verschwand.

Musst du sonst auf irgendetwas achten, wenn du bei Kälte barfuß laufen möchtest? Oh ja: Du solltest dich warm anziehen. Im wahrsten Sinne des Wortes. Wie schon kurz erwähnt, funktioniert das Aufwärmen deiner Füße nur, wenn dein Körper die Kapazitäten nicht für wichtigere Sachen benötigt. Eine ganz interessante Untersuchung dazu gibt es vom Kanadischen »Defence and Civil Institute of Environmental Medicine«[45]. Und klar, wenn schon etwas mit »Verteidigung« im Titel steht, sind die Untersuchungen besonders interessant für Scharfschützen, welche längere Zeit in der Kälte liegen müssen und dennoch eine gute Fingerfertigkeit bewahren müssen, ohne zu zittern. Und um das Ganze möglichst »lebensnah« zu testen, mussten die Probanden unter anderem ein Gewehr auseinander- und wieder zusammenbauen, um ihre Fingerfertigkeit unter Beweis zu stellen.

In der Studie wurden verschiedene Hilfsmittel untersucht, um die Hände warm zu halten. So mussten die Tests in verschieden dicken (unbeheizten) Handschuhen, beheizten Handschuhen und mit einer »indirekten Heizung der Hände« durch eine Erwärmung des Torsos mittels beheizter Weste durchgeführt werden. Und was für Tests. Die Probanden mussten drei Stunden bei -25 °C Temperatur verbringen und zwischendurch die Geschicklichkeitstests durchführen. Immerhin waren sie gut in Fleece und einen Parka eingepackt.

Spannend für uns sind vor allem die Tests, welche mit der »indirekten Heizung« ausgeführt wurden, wir wollen schließlich nicht wieder Schuhe anziehen müssen. Während die Fingertemperaturen bei einem Warmhalten nur durch Handschuhe von 35 °C bis auf 12 °C absanken (und die Teilnehmer sich sehr unwohl damit fühlten), durchliefen sie bei der indirekten Beheizung mittels aktiv wärmender Weste verschiedene Phasen zwischen 24 °C und 33 °C und alle Probanden fühlten sich wohl. Ähnliche Ergebnisse ergaben sich auch an den Füßen. Und auch wenn dies für uns von keiner enormen Bedeutung ist, so sei festgehalten, dass auch über die indirekte Erwärmung sehr gute Werte bei der Fingerfertigkeit erzielt werden konnten.

Wir lernen: Immer warm anziehen, so wie Mama das früher schon immer von uns wollte. Nur dass wir uns jetzt aktiv dazu entscheiden, die Füße mal freizulassen.

LAUFEN IM SAND

Eine der wenigen Gelegenheiten, zu denen man wohl kaum einem Läufer sagen muss, dass er seine Schuhe auch ruhig mal ausziehen könnte, findest du am Strand. Selbst Menschen, die überhaupt nichts mit Laufen, geschweige denn mit Überlegungen zum Barfußlauf zu tun haben, ziehen hier beim Spaziergang gerne ihre Schuhe aus. Wieso? Vielleicht liegt es an dem angenehmen Gefühl, welches einem der Sand unter den Füßen bietet, vielleicht an dem besseren Grip, den man dank der Zehen nutzen kann oder vielleicht auch einfach nur daran, dass man seine neuen Schuhe nicht dreckig machen und nachher keinen Sand darin haben möchte.

Wie dem auch sei: Barfuß im Sand zu laufen, ist super für deine Ausdauerleistung. Im Jahr 2016 untersuchte

Kumar[46], was passiert, wenn man Athleten über sechs Wochen hinweg (unter anderem) barfuß im Sand laufen lässt. Hier standen sowohl Sprints als auch Ausdauer- und Bergläufe auf dem Programm. Die Kontrollgruppe führte in dieser Zeit weiterhin ihr normales Training durch (Und hierin liegt auch mein großer Kritikpunkt der Studie. Es wird leider nicht weiter erwähnt, woraus das Training bestand. So kann man diese Studie als guten ersten Anlaufpunkt zu dem Thema betrachten, welcher weiter erforscht werden sollte).

Um den Unterschied zu evaluieren, wurde vor und nach den Trainingswochen ein »Cooper-Test« durchgeführt. Bei diesem läuft man zwölf Minuten in selbst gewähltem Tempo und je weiter man kommt, desto fitter ist man. Die Gruppe, welche im Sand trainierte, verbesserte sich hier im Unterschied zur Kontrollgruppe um 132 Meter. Leider sind die Daten für Vorher und Nachher nicht komplett angegeben, also müssen wir es so lesen: Beide Gruppen verbesserten ihre zurückgelegte Distanz, aber die Sandläufer schafften es eben, nochmal 132 Meter mehr draufzulegen als ihre Kollegen.

Wichtig für uns ist hier die Erkenntnis, dass das Laufen im Sand den Wadenmuskeln beibringt, sich schneller zu kontrahieren, somit auch öfter ihre Arbeit zu verrichten und dadurch stärker zu werden. Der Muskel erreicht dies dadurch, dass er mehr Muskelfasern bildet. In der Studie ist die Rede von zwei- bis dreimal so vielen Muskelfasern wie beim Laufen auf dem (normalen) flachen Untergrund.

Noch wichtiger ist die Erkenntnis, dass es ziemlich viel Spaß macht, im Sand zu laufen!

BEI WELCHER TEMPERATUR KANN MAN OPTIMAL LAUFEN? SPIELEN ANDERE UMWELTEINFLÜSSE EINE ROLLE?

Wer hat es nicht schon mal gehört? »Heute ist es zu kalt zum Laufen« oder »Ich hoffe am Wochenende, wenn ich meinen Zehn-Kilometer-Lauf absolviere, ist es wieder etwas kühler«. Doch gibt es wissenschaftlich betrachtet so etwas wie die beste Temperatur zum Laufen? Und falls ja, wo liegt sie? Haben andere Faktoren wie der Luftdruck oder der Ozonwert Auswirkungen?

Es gibt zwar nicht sehr viele Studien zu diesem Thema, aber zwei finden sich doch. Sowohl LePage als auch El Helou forschten in diesem Gebiet, mit dem Ergebnis: Es gibt so etwas wie eine optimale Temperatur. Aber diese unterscheidet sich je nach Streckenlänge, die du laufen möchtest.

El Helou untersuchte die Ergebnisse von sechs großen Marathons (Berlin, Paris, London, New York, Chicago, Boston) in den Jahren 2001 bis 2010. Insgesamt kamen so 1.791.972 »Versuchspersonen« zusammen und es konnten Temperaturen zwischen 1,7 °C (Chicago 2009) und 25,2 °C (Boston 2004) gemessen werden. Eine beeindruckende Stichprobengröße!
Für die Marathonläufe ergab sich ein klares Ergebnis: Die Lufttemperatur und das Ergebnis korrelieren deutlich miteinander. Sobald der optimale Wert überschritten wird, leidet die Leistung und viele Teilnehmer brechen das Rennen ab.

Welche Temperatur jetzt allerdings am besten ist, hängt deutlich von deinem Leistungsniveau und Geschlecht ab. So erbringen männliche Gewinner ihre beste Leistung bei knapp 4 °C. Wenn du genau auf dem Median liegst (also quasi genau der Läufer bist, der die »Mitte« aller anderen darstellt), so sind es schon rund 6 °C.
Wie schlimm sind nun Abweichungen der Temperatur? Gute Frage – zum Glück wurde das gleich mit untersucht. Gehen wir also wieder davon aus, du läufst um den Sieg. Dann würde dich eine Temperaturabweichung um plus oder minus 10 °C schon um etwa 1,4 Prozent langsamer machen. Sollte es sogar 20 °C wärmer werden, so verlierst du ganze 6 Prozent Geschwindigkeit.
Und als Frau? Da liegt dein Optimum als Gewinnerin etwa bei 10 °C und du verlierst bei der angenommenen Erwärmung um 20 °C ganze 13,5 Prozent an Geschwindigkeit. Wenn du eher zum Durchschnitt zu rechnen bist, so dürftest du dich bei rund 7 °C wohl fühlen.

Das gemessene Worst-Case-Szenario? Du bist ein Mann, der eher im hinteren Drittel der Leistung zu finden ist (also nein, natürlich nicht DU! Vielleicht irgendwer, den du kennst. Ein entfernter Schwager vielleicht ...) und du bringst deine optimale Leistung bei 7,5 °C. Wird es nun am Tag des Laufes aber knapp 27,5 °C warm, so sinkt deine Geschwindigkeit um ganze 21 Prozent. Wow. Das wären selbst für einen Weltrekordläufer knapp 25 Minuten mehr. Rechne das lieber nicht aus, wenn du mal an einem warmen Tag zum Marathon startest...

Interessanter Fakt für die Kneipenrunde: Seit über 25 Jahren wird in diversen Studien (so auch hier) ein Unterschied in der sportlichen Leistung von Männern und Frauen festgestellt. Dieser ist – nach allen bisherigen Erkenntnissen – unabhängig von Umweltfaktoren wie beispielsweise der Temperatur. In der hier betrachteten Studie lag der Unterschied bei ziemlich genau 10 Prozent.

Und die anderen Werte? Nun, der Ozonwert spielt auch mit in die Leistungsfähigkeit hinein. Allerdings konnte in der Studie nicht ausgeschlossen werden, dass es sich hier lediglich um den Einfluss der Temperatur handelt, welche ja wiederum mit dem Ozonwert zusammenhängt.

Und wie sieht es mit den anderen Distanzen aus? Vielleicht möchtest du ja nicht direkt mit einem Marathon starten!? Hier kommt die Studie von LePage ins Spiel. Sie wurde 2011 veröffentlicht und betrachtet die jeweils schnellsten je erzielten Wettkampfzeiten verschiedener Laufdisziplinen (100m, 200m, 400m, 800m, 1500m, 5km, 10km, Halbmarathon und Marathon). Nun sind seitdem natürlich noch einige neue Rekorde aufgestellt worden. Aber die sich hier abzeichnende Tendenz ist klar und hat nach wie vor eine hohe Relevanz.
Kurz gesagt: Je kürzer die Distanz ist, die du laufen möchtest, desto wärmer darf es hierfür sein.

Auch bei dieser Studie wird zwischen den Geschlechtern unterschieden. So liegt die wärmste für Männer festgestellte Temperatur für optimale Leistungen bei 22,5 °C für den 200-Meter-Sprint (für 100 Meter waren es etwas weniger) und für den Marathon bei 9,6 °C (hier zeigt sich schön, wie unterschiedliche Messmethoden unterschiedliche Ergebnisse hervorbringen, wenn wir diesen Wert mit dem

aus der zuvor genannten Studie vergleichen). Für Frauen liegt der höchste Wert bei 23 °C für den 100-Meter-Lauf und 11 °C für den Marathon.
Während die Werte zwischen 100 M eter und fünf Kilometer noch auf einem vergleichbar (hohen) Niveau liegen, fallen sie ab dem Fünf-Kilometer-Lauf annähernd linear ab.

	100 m	200 m	400 m	800 m
Männer	22,11	22,55	20,77	19
Frauen	23	22,78	17,72	18,44

1500 m	5000 m	10.000 m	Halb-marthon	Marathon
22,16	18,33	16,83	14,28	9,67
19,44	17,22	19	13,44	11

Solltest du auch über den Vorderfuß gehen?

Nur falls das bis dato noch nicht klargeworden sein sollte: Wenn ich »laufen« schreibe, dann geht es um die Art der Fortbewegung, bei der beide Füße gleichzeitig den Boden verlassen. Dementsprechend unterscheidet sich dieser Vorgang deutlich vom Gehen. Sprachlich wird das oft über einen Haufen geworfen, hier ist es aber wichtig, die beiden Bewegungsformen klar zu trennen. Denn wenn ich hier die ganze Zeit propagiere, dass der Vorderfußlauf Vorteile mit sich bringt, wie sieht es dann mit dem Gehen über den Vorderfuß (meist »Ballengang« genannt) aus?

Das ist leider nicht so einfach zu beantworten wie beim Laufen. Die meisten Menschen treten in Studien auch beim Barfußgehen mit der Ferse zuerst auf. Natürlich liegt die Vermutung nahe, dass uns das korrekte (?) Auftreten mit dem Ballen auch hier durch die entsprechende Beschuhung aberzogen wurde. Und wenn man Studien anschaut, welche die Entwicklung von Kinderfüßen in Zusammenhang mit Schuhen setzen[47], so zeigt sich auch deutlich, dass barfuß spielende Kinder deutlich ausgeprägtere Fußbögen haben (was wiederum dem Ballengang und -Lauf zugutekommt).

Zwischenfazit: Lass dein Kind barfuß spielen!

Wie sieht es nun bei erwachsenen Menschen aus, wenn sie auf einmal öfter barfuß gehen? Dies wurde 2008 untersucht[48] und heraus kam, dass sich vor allem die Schrittlänge und die Rotation der Füße ändern. Hier wird zwar angerissen, dass ein Ändern der Gangart helfen könnte (Hier ging es im Speziellen um Osteoarthritispatienten), jedoch wird darauf dann nicht näher eingegangen.

Auch ein Blick ins Tierreich hilft uns leider nur bedingt weiter. Hier wird zwischen »Sohlengängern« (Tiere, die mit der Ferse auftreten) und »Zehengängern« unterschieden. Zu den Sohlengängern gehören beispielsweise Bären und Menschenaffen. Zehengänger hast du vielleicht sogar auch zu Hause, hierzu zählen unter anderem Hunde und Katzen. Ihre Fersen berühren den Boden nicht.

Ein Argument, welches man nun für den Fersengang als normale Fortbewegungsart vorbringen kann, ist, dass wir über ein Fettpolster unter der Ferse verfügen. Ob dies allerdings speziell als Dämpfung beim Gehen oder Laufen gedacht ist, ist biologisch nicht geklärt. Vielleicht hilft es auch nur dabei, den Fuß besser zu balancieren (wie es unter anderem bei Elefanten der Fall ist).

Was passiert nun, wenn man Studien an Menschen zu diesem Thema macht? Man müsste ja herausfinden können, welche Art des Gehens effizienter und somit vermutlich »die Richtige« ist. Das dachten sich auch Forscher der Uni in Utah und baten Probanden, ihre Gangart zum Ballengang hin zu ändern[49]. Nun wurden die energetischen Kosten des Ballengangs und des Fersengangs verglichen.

Ergebnis: Die Forscher stellten fest, dass die benötigte Energie beim Ballengang um 53 Prozent steigt. Sie schlussfolgerten dementsprechend, dass der Fersengang uns hilft, ökonomisch zu gehen. Leider muss man hier anmerken, dass einige Faktoren zusammenkommen, welche die Studie zumindest in ein kritisches Licht stellen. Alle Teilnehmer waren es gewöhnt, über die Ferse aufzutreten. Der Ballengang war somit eine ungewohnte Bewegung für sie und es ist nicht weiter verwunderlich, dass hierfür eine höhere Energie aufgewendet werden musste. Zudem wurden die Probanden gebeten – ähnlich wie Hunde und Katzen – so zu gehen, dass kein Kontakt zwischen Ferse und Boden zustande kommt. Etwas, was nicht zwingend Voraussetzung für den Ballengang ist.

Fazit: Vermutlich (!) bietet dir der Ballengang keinen Vorteil. Es wäre aber sinnvoll, deinen Gang auf kürzere Schritte ohne viel Außenrotation umzustellen. Wenn du Schuhe tragen willst/musst, so sollten diese möglichst keinen Absatz und eine möglichst geringe Dämpfung haben.

Solltest du das nicht ohnehin schon tun, so wäre es allerdings sinnvoll, wenn du dir Barfußschuhe zum Gehen kaufst. Und damit meine ich nicht die sportliche Disziplin, sondern einfach deinen Alltag, in dem du ja vielleicht auch aus sozialen Gründen nicht barfuß unterwegs sein möchtest oder darfst. Allein das Gehen in Barfußschuhen stärkt und vergrößert deine Muskeln im Fuß. Und zwar genauso stark wie spezielle Fußübungen.[50]

Laufpläne / Laufempfehlungen

Überlege dir, was du erreichen möchtest und auf welchem Stand du jetzt bist. Es bringt nichts, gleich mit dem härtesten Laufplan einzusteigen, nur »weil du es jetzt wirklich wissen willst«. Das klappt vielleicht eine Woche oder zwei Wochen und danach macht es keinen Spaß mehr. Gerade, wenn du noch wenig Training barfuß absolviert hast, wird sich vieles in deinem Körper an diese Belastung gewöhnen müssen. Die Fußsohlen werden brennen, die Gelenke und Sehnen werden sich bei dir melden und sagen: »Ey, was war das denn auf einmal?« und noch vieles mehr. Und glaub mir: Du möchtest nicht zehn Kilometer von zu Hause entfernt plötzlich gezwungen sein, stehen zu bleiben.

Ich werde hier nur zwei Pläne vorstellen: Einen, der sich an komplette Neueinsteiger in die Welt des Laufens richtet und einen, der dir beim Umstieg zum Barfußlauf helfen soll. Für alles weitere kannst du jede Menge andere Bücher oder Online-Publikationen finden, die dich zum Beispiel bei der Wettkampfvorbereitung unterstützen.

FÜR BARFUSS-NEUEINSTEIGER

So, du möchtest also anfangen, mehr und mehr auf deine Schuhe zu verzichten? Herzlichen Glückwunsch. Ich könnte es jetzt einfach machen und sagen: Los! Raus aus dem Haus und laufen! Aber vermutlich würdest du mich dann hassen und sofort wieder aufhören, weil die Belastung für die Füße zunächst recht hoch und ungewohnt ist.

Also fangen wir sachte an. Solltest du auch zu Hause immer deine Schuhe tragen, lautet der logische erste Schritt: Weg damit. Sobald du nach Hause kommst, stell deine Schuhe in den Flur (oder in den schönen kleinen Schuhschrank, den du extra dafür vor Jahren mal gekauft hast) und bewege dich barfuß oder in Socken durch die Wohnung.

Gut, gehen wir mal davon aus, dass du entweder jemand bist, der sowieso ohne Schuhe in der Wohnung herumläuft oder dies nun mindestens eine Woche ohne Probleme ausprobiert hat. Dann geht es weiter nach draußen.

Such dir einen Trainingsplatz, auf dem du kein Problem damit hast, die Schuhe auszuziehen und den Boden zu betreten. Das kann ein Park mit angenehmem Gras sein, ein Fußballplatz oder eine Tartanbahn – was auch immer dir am besten gefällt. Nun solltest du dich mit der Idee anfreunden, hier ein wenig barfuß unterwegs zu sein. Im Sommer ist das in Parks ja sowieso kein Problem. Also dreh einfach ein paar kleine Runden in einem Tempo, welches dir zusagt. Auch das kannst du etwa eine Woche lang ausprobieren. Wenn du jetzt noch immer keine Probleme hast, kann es weitergehen.

Du kannst den gleichen Ort wählen wie zuvor, jedoch sollte man hier auch laufen können. Mach dich einfach wie gewohnt warm, z.B. mit ein paar Runden in deinen Laufschuhen.

Laufschuhe ausgezogen? Sehr gut. Dann lauf einfach mal 100 Meter in eine Richtung und komm wieder zurück. Wenn du auf Rasen, Sand oder ähnlichem gelaufen bist, hast du vielleicht noch einen Laufstil benutzt, der dem in Schuhen ähnlich ist. Wenn du auf härterem Grund unterwegs warst, hast du vermutlich automatisch auf den Vorder- oder Mittelfußlauf gewechselt. Wenn du mir noch nicht glaubst, dass es angenehmer für dich sein wird, so zu laufen, mach doch mal das Folgende: Stell dich auf härteren Boden und hüpf ein paar Mal. Kommst du mit den Hacken zuerst auf? Ich hoffe, nicht. Hier kannst du ganz einfach erleben, wie gut der Körper über den Vorderfuß abfedern kann.

Hast du dir für diese kurzen Übungsläufe erst mal den Vorderfußlauf angewöhnt, kannst du probieren, diesen auch in deinen Schuhen zu nutzen. Je nach Sprengung und Gewicht des Schuhs ist dies vielleicht schwerer, aber das kriegst du schon hin.

Und jetzt solltest du mindestens zwei Mal die Woche rausgehen und deine Barfuß-Übungen machen. Das müssen keine komplizierten oder langen Strecken sein. Aber du solltest dich schrittweise daran gewöhnen. Also wie wäre es mit jeweils fünfmal 100-Meter-Barfußläufen? Das könnte dann so aussehen:

Montag	**Dienstag**	**Mittwoch**	**Donnerstag**
5 x100 m Barfußlauf	Füße eincremen	Ein gutes Buch lesen	Lieblings-Song hören
Freitag	**Samstag**	**Sonntag**	
5 x100 m Barfußlauf	Füße eincremen	Spaziergang im Wald	

Natürlich darfst du, statt ein Buch zu lesen, auch fernsehen. Oder zum Synchronschwimm-Training gehen. Oder was du halt so machen möchtest. Es könnte allerdings sein, dass du nach den Trainingstagen deine Waden (Muskeln) und Füße (Sehnen und Gelenke) deutlich spürst. Also besser keine Dinge einplanen, die diese noch zusätzlich belasten würden – oder wenn doch, dann musst du zumindest in Kauf nehmen, dass hier die Leistungen kurzfristig einbrechen.

Dein Fokus sollte beim Training auf der richtigen Technik liegen. Was für dich erstmal nur heißt: Vorderfußlauf. Wenn das gut klappt, kannst du entweder die Zahl der Wochentage erhöhen oder auch gerne die Distanz der Läufe. Bevor du zu deinem ersten längeren Lauf aufbrichst, solltest du vielleicht mal probiert haben, mindestens einen Kilometer am Stück barfuß zu laufen.

FÜR KOMPLETTE LAUF-NEUEINSTEIGER

Wenn du kompletter Neueinsteiger bist, also zuvor auch noch nicht (oder wenig) mit Schuhen gelaufen bist: Umso besser. Du musst dir keine alten Bewegungsmuster abgewöhnen und hast die Möglichkeit, gleich den Vorderfußlauf zu lernen.

In meinem Bekanntenkreis haben schon viele Laufneulinge sehr gute Erfahrungen mit Intervalltraining gemacht. Keine Sorge, ich meine jetzt nicht die hochintensiven Übungen wie Tabata-Protokolle. Vielmehr rede ich einfach von der Abwechslung von Be- und Entlastung. Das kann ganz trivial erstmal so aussehen, zwei Minuten zu laufen und dann wieder zwei Minuten zu gehen. Immer abwechselnd. Je nach Alter, Konstitution etc. kann man so jeden Tag trainieren, oder aber auch nur zwei Mal die Woche. Beides bringt schon eine Menge. Zu Beginn reichen auch 20-minütige Trainingseinheiten aus. Das kannst du dann jedes Mal um ein paar Minuten steigern. Da kennst du deinen Körper selbst am besten und merkst, wie lange du zur Regeneration brauchst, ab wann du überfordert bist oder ob es dir vielleicht sogar schon viel zu einfach war.

Wenn dir auch Läufe um die 40 Minuten leichtfallen, kannst du längere Intervalle wählen, beispielsweise drei Minuten laufen und zwei Minuten Pause machen. Die nächste Woche versuchst du es dann mit drei Minuten laufen und einer Minute Pause. Und so weiter und so fort. Hier solltest du ruhig selbst ausprobieren, was sich für dich am besten anfühlt. Du wirst merken, dass du besser wirst. Idealerweise versuchst du drei Mal die Woche – oder öfter – laufen zu gehen. So erreichst du dein Ziel schneller. Es sei denn natürlich, dir fehlen die nötigen Regenerationspausen.

Zur Wahl des Untergrunds gelten natürlich dieselben Tipps wie im vorherigen Absatz für Barfuß-Neueinsteiger!

DIE RICHTIGE TECHNIK BEIM LAUFEN – GIBT ES DAS ÜBERHAUPT?

Falls du schon die ganze Zeit darauf brennst, nun endlich zu erfahren, wie denn die einzige, die wahre Barfußlauftechnik aussieht, so muss ich dich leider enttäuschen. Natürlich gibt es verschiedene Techniken und diese werden auch teils sehr aggressiv beworben und von ihren Anhängern vertreten. Bis dato konnte ich aber keine Studie finden, welche belegt, dass eine aktive Umgewöhnung auf einen anderen Laufstil Vorteile mit sich bringt. Und glaub mir: Ich wäre der Letzte, der nicht gerne an kleinen Details seines Laufstils arbeiten würde.

Das »Problem« hierbei ist nicht nur, dass man keine Argumente für die angepassten Stile findet. Nein, vielmehr habe ich sogar aktive Gegenargumente gefunden. So wurde in einer Studie[51] eine Steigerung der Schrittfrequenz (10 Prozent Schritte mehr pro Minute), eine Umstellung auf den Mittel-/Vorderfußlauf sowie die Gewöhnung an eine aufrechtere Haltung und eine sanftere Landung vorgenommen. Zudem wurden die Probanden an Minimalschuhe gewöhnt. Das Ergebnis: Die Umstellung auf Minimalschuhe brachte eine Steigerung der Laufökonomie mit sich, die Umstellung des Stils änderte jedoch nichts (außer ... du weißt schon ... den Laufstil).

Jetzt sagst du vielleicht zu Recht: Tja, hier wurde aber ja gar nicht die Pose-Methode (Die Pose-Methode wurde von Dr. Nicholas Romanov in seinem Buch »Pose Method of Running: A New Paradigm of Running« beschrieben und erfreut sich in lauftechnik-interessierten Kreisen doch einiger Beliebtheit) untersucht. Wie soll ich denn dann wissen, ob es bei ihr genau so ist? Gut aufgepasst! Schauen wir also tiefer in die Literatur und drehen die Zeit zurück ins Jahr 2005, in dem Dallam und Kollegen genau diese untersuchten[52]. Das Fazit: Die zwölf Wochen Unterweisung in der Pose-Methode resultierten in einer kürzeren Schrittlänge, weniger vertikaler Oszillation und, aufgepasst: einer Verminderung der Laufökonomie.

Es scheint also vieles dafür zu sprechen, dass du einfach so laufen solltest, wie es sich für dich richtig anfühlt. Natürlich sollten keine groben biomotorischen Schnitzer in deinen Bewegungsabläufen sein, aber das hätte dann vermutlich auch andere Ursachen. Und wenn du doch unbedingt ein paar Grundlagen lesen willst, bitte schön:

- Deine Fußspitzen sollten nach vorne zeigen
- Deine Füße sollten einen geraden Weg beschreiben (nicht, wie man es oft sieht, imaginäre Hindernisse umkurven)
- Du solltest nicht übermäßig »hoppeln«
- Deine Schultern sollten nicht hängen
- Dein Rücken sollte aufgerichtet sein

So, da hast du sie. Meine persönlichen »Regeln zum besseren Laufen«. Aber bitte denk dran: Das sind keine Regeln, die dir kurzfristig helfen, deine Laufökonomie zu verbessern. Vielmehr sind sie längerfristig darauf ausgelegt, dass du dich weniger verletzt und deinen Körper mobil hältst.

Trainingsübungen

DEHNEN

Dehnen. Das kennt man noch aus der Schulzeit. Da hieß es zu Beginn des Sportunterrichts auch immer »Und jetzt machen wir uns warm und dehnen uns, damit wir uns später nicht verletzen«. Klingt auch erstmal logisch. Andererseits klingt es ja auch erstmal logisch, Schuhe zum Laufen zu tragen, also schauen wir uns mal lieber die Wissenschaft an. Und die ist in diesem Punkt leider sehr uneindeutig.

In einer Analyse verschiedener Veröffentlichungen zu diesem Thema von Dr. Ian Shrier[53] kommt der Autor zum Ergebnis, dass man (zum jetzigen Zeitpunkt) nicht wirklich weiß, ob Dehnen gut oder vielleicht sogar schlecht ist. Von den 23 Artikeln, welche betrachtet wurden, ergaben ganze 22, dass Dehnen keinen Einfluss auf Stärke oder Sprungkraft hat. Lediglich ein Artikel berichtete von Verbesserungen in der Laufökonomie.

Und wenn es um die Erhöhung der Laufgeschwindigkeit geht, sieht es noch schlechter aus: Eine Veröffentlichung spricht davon, dass eine höhere Geschwindigkeit erreicht werden kann; eine andere wiederum erkennt eine Einschränkung der Geschwindigkeit und bei zwei anderen ergab sich kein signifikanter Unterschied.

In einer weiteren Studie[54] wurde zudem gezeigt, dass eine Aufklärung über Warm-up, Cool-down und Stretching keine signifikante Änderung in der Anzahl der Verletzungen brachte.

Dennoch möchte ich hier einige Übungen vorstellen. Dieses Mal nicht, weil wissenschaftlich belegt ist, dass man sie machen sollte, sondern weil ich mich persönlich gut fühle, wenn ich leicht gedehnt loslaufe. Zudem kann regelmäßiges Dehnen dafür sorgen, dass du beweglicher wirst – auch nicht schlecht. Hier solltest du also einfach selbst ausprobieren, was sich für dich »richtig« anfühlt, womit es dir gut geht. Im Kapitel **Ein kurzer Test und wie du deine Füße vorbereitest** hast du ja vielleicht schon etwas über die Bedeutung von bestimmten Übungen gelesen. Falls keines der darin behandelten Probleme auf dich zutraf und du die Übungen übersprungen hast, kannst du folgende beliebte Lockerungsübungen ausprobieren:

1. Golfball-/Flaschenrollen:
Leg einfach einen Golfball, eine Wasserflasche, eine Mini-Blackroll oder was auch immer du Brauchbares findest, unter deinen Fuß und rolle den Fuß darauf auf und ab. Ein super Gefühl, vor allem nach einem langen Tag auf den Beinen.

2. Treppenstehen:
Stell dich so auf eine Stufe, dass deine Fersen nicht auf dem Boden sind. Nun lass dich so weit wie möglich herunter, sodass deine Achillessehne gestreckt wird. Nach kurzer Belastungsphase wieder hochdrücken und das Ganze wiederholen.

3. Wadendehnen:
Setz dich mit ausgestreckten Beinen so vor eine Wand, dass deine Fußsohlen an ihr anliegen. Nun dehnst du deine Waden durch eine Verlagerung deines Oberkörpers nach vorne.

4. Handtuchgreifen:
Leg ein Handtuch auf den Boden und versuch es mit dem Fuß aufzuheben. Klar, mit dem großen Zeh funktioniert das bestimmt noch gut. Aber wie sieht es mit den anderen aus?

5. Handtuch-Stretching:
Setz dich mit ausgestreckten Beinen hin und lege ein Handtuch um deine Füße. Greife nun die Enden des Handtuchs und zieh sie zu dir, sodass du die Zehen dehnst. Auch hier solltest du immer kurz dehnen, wieder entspannen und das Ganze wiederholen.

6. Zehendehnen:
Stell dich in Schrittstellung hin und setze den hinteren Fuß mit der Oberseite der Zehen auf den Boden auf. Nun dehne deine Zehen, indem du mit dem Fuß gegen den Boden drückst.

AUFWÄRMEN / WARM-UP

Unter Aufwärmen – oder Warm-Up – versteht man die Aktivität vor der eigentlichen Belastung. Wenn ich also zum Beispiel einen Marathon laufen möchte, könnte ich mich vor dem Start einen Kilometer warmlaufen. Bringt das denn auch etwas?

Ich persönlich bin oft Läufe mitgelaufen, bei denen ich wusste, dass ich ankommen werde, es mir aber überhaupt nicht um meine Zielzeit ging. Dementsprechend habe ich meistens auf ein dezidiertes Warm-Up verzichtet und mich nur ein wenig gedehnt. Vor einem Zehn-Kilometer-Lauf habe ich es dann aber doch mal ausprobiert und war selbst überrascht, wie gut es sich anfühlte. Vor 30 Kilometer langen Läufen würde ich persönlich das Aufwärmen aber wohl sehr kurz halten und mich nur darum ein wenig erwärmen, damit ich mich anschließend besser dehnen kann.

Doch was sagt nun die Wissenschaft? Im Jahr 1995[55] wurde an 50 Männern getestet, wie sich Aufwärmübungen (und Stretching) auf die Kraftwerte des Wadenmuskels auswirkt. Hierbei wurden die Probanden in drei Gruppen aufgeteilt. Die erste Gruppe machte weder Aufwärmübungen, noch dehnte sie sich. Die zweite Gruppe dehnte ihren Wadenmuskel für drei Minuten. Die dritte Gruppe vollzog ein zehnminütiges Aufwärmtraining auf dem Laufband. Hierbei wurde festgestellt, dass Dehnen nur geringe Auswirkungen auf Parameter hatte, durch die eventuell die Verletzungsanfälligkeit herabgesetzt wird. Wichtiger für uns: Die Aufwärmübungen zeigten deutliche(re) Resultate und führten zu einer höheren Kraft, welche bereitgestellt werden konnte. In der Studie ist von einem »Performance-enhancing effect« die Rede.

Perfekt, oder? Also immer schön aufwärmen. Und wenn es mal nur die paar Runden auf dem Sportplatz werden.

Was brauche ich zum (Barfuß-)laufen?

Das schöne ist: Unser Körper wurde fürs Barfußlaufen geschaffen. Dementsprechend braucht man eigentlich erst mal nichts und kann direkt loslegen. Zumindest eine Hose und ein Shirt würde ich aber empfehlen (sonst gucken die Leute im Park so komisch ... habe ich mir sagen lassen).

Ein paar kleine Dinge gibt es aber doch, die das Läuferleben einfacher machen können. Meistens unabhängig davon, ob man mit oder ohne Schuhe unterwegs ist.

VASELINE

Vaseline erlaubt es Leuten wie mir, überhaupt erst längere Läufe zu vollenden. Wie das? Naja, wenn man kräftige (oder einfach dicke) Oberschenkel hat, reiben diese beim Laufen natürlich aneinander. Durch den Schweiß und das darin enthaltene Salz wird die Situation nicht unbedingt besser und schon nach kurzer Zeit scheuert man sich die Haut wund. Cooler Fachjargon: »Sich einen Wolf laufen«. Das Gemeine daran ist natürlich, dass es mit jedem Schritt schlimmer wird – und das sind wirklich unangenehme Schmerzen.

Ein Topf Vaseline aus dem Drogeriemarkt kostet wenige Euro und schafft hier einfache Abhilfe. Einfach ein bisschen davon vor dem Lauf auf die Innenseite der Oberschenkel auftragen.

Ich habe auch mal versucht, Vaseline zum Schutz meiner Füße zu nutzen. Das läuft sich allerdings recht schnell ab, falsch ist es natürlich dennoch nicht. Und gerade im Winter kann man damit auch die Oberseite der Füße einreiben, um sie ein bisschen wärmer zu halten.

Wer ein bisschen mehr ausgeben kann oder will, dem empfehle ich spezielle Produkte, die Blasenbildung beim Laufen vermeiden sollen. Diese sind oft ähnlich wie ein Deoroller aufzutragen (man hat also nachher keine Vaseline an den Fingern) und funktionieren mindestens genauso gut. Es gibt sie sogar mit Geruch (ich spare mir Kommentare oder Witze über die Stelle, an der man diese Produkte aufträgt und wer das wann riechen soll).

BUFF-BAND

Bei Buff handelt es sich zwar um eine Marke. Mir ist aber natürlich egal, für welche Firma du dich tatsächlich entscheidest, hier ist es halt ein bisschen wie mit Tempo, Uhu, Post-it etc.: Der Markenname ist zum Begriff der Gattung »Multifunktionale (Kopf-)Tücher« (oder auch »Schlauchtücher«) geworden.

Das Gute an diesen Tüchern ist ihre Vielseitigkeit. Jeder kann sie sich so binden, wie er es gerne hätte und es gibt tolle Designs, um beim Marathon auch von seinen Lauffreunden ein paar hundert Meter weiter hinten gesehen zu werden. Klingt ein wenig albern, hat mir aber tatsächlich schon oft geholfen, Freunde wiederzufinden (ich laufe leider nicht immer ganz vorne).

Na gut, das sind natürlich nur Nebeneffekte. Relevanter für das Laufen ist der Stoff von Buff-Bändern. Es handelt sich um Mikrofaser und damit bleibt der Kopf beim Lauf schön kühl. Und wichtig für so manchen: Man hat nicht ständig die Haare in den Augen hängen. Das war zumindest für mich der Grund, so ein Band auszuprobieren. Mittlerweile laufe ich selten ohne, einfach weil ich es sehr angenehm finde. Ruhig mal ausprobieren.

Eine gute Alternative sind spezielle Sportmützen. Oft sind diese etwas bis deutlich teurer, bieten dafür aber dank ihres Schirms auch einen gewissen Schutz gegen die Sonne. Ich mag mittlerweile beides sehr und entscheide mich je nach Wetter und Laune für eine Mütze oder ein Band. Letzteres kann man auch schnell mal um den Hals ziehen oder als Schweißtuch um das Handgelenk tragen.

FUNKTIONSKLEIDUNG

Das muss ich vermutlich niemandem erklären, der schon mal gelaufen ist: Läufst du in Baumwollklamotten, schwitzt du diese ebenso schnell voll, wie du überhaupt warm wirst. Und ab da darfst du nicht nur mehr Gewicht mit dir rumtragen (stimmt natürlich nicht ganz, weil der Schweiß ja vorher in dir drin war, aber du weißt, was ich meine …), sondern es scheuert auch schön und wird potenziell unangenehm warm.

Mikrofasern hingegen transportieren den Schweiß von der Haut weg und er kann einfacher auf der Außenseite verdunsten. Ein brauchbares Laufshirt ist schon für unter

20 Euro zu haben und wohl eine der sinnvollsten Investitionen. Bei Hosen entscheidet der Geschmack: Enganliegende »Tights« sollten aus ebensolchem Material sein. Wenn du eher die typische kurze Sportlerhose bevorzugst, ist es nicht ganz so wichtig. Schlecht sind nur beispielsweise Baumwollleggins (habe ich mir sagen lassen).

KOMPRESSIONSSTRÜMPFE / CALF SLEEVES

Nicht ganz billig und doch erfreuen sich Kompressionsstrümpfe wachsender Beliebtheit. Als ich das erste Mal Leute damit laufen sah, fand ich es noch ziemlich albern, mittlerweile mache ich es selbst gerne.

Das Prinzip ist nicht neu und schon die Samurai und Ninja des mittelalterlichen Japans haben ähnliches getragen (Angeberwissen: In Japan heißt sowas »Kyahan« und wird auch heute noch gerne von Arbeitern und Kampfsportlern getragen). Dienten sie den Samurai eher als Unterkleid und Schutz vorm Scheuern der Rüstung, wurden sie bei den Ninja schon analog zum heutigen Zweck getragen: Aufgrund der Muskelkompression. Hierdurch soll die Ermüdung des Muskels verzögert und die Regeneration beschleunigt werden. Traditionell stand noch kein großer Markenname drauf und man war dankbar über den Schutz vor Insekten, Büschen und ähnlichem.

Und heute? Naja, da suchen Firmen natürlich immer neue Möglichkeiten, Produkte zu verkaufen. Zweifelsohne »braucht« niemand diese Extrateile. Und auch wenn die

Hersteller alles Mögliche versprechen, so lässt sich wenig davon in unabhängigen Studien beweisen.

Eine Meta-Studie aus dem Jahr 2016[56] hielt fest, dass während der Belastung beim Laufen keine Vorteile festgestellt werden konnten (beim Radfahren hingegen schon). Jedoch hilft Kompressionskleidung dabei, die Schmerzen nach der Belastung zu reduzieren und unterstützt den Körper beim Abbau von Laktat. Du fühlst dich also wohler und regenerierst schneller. Zudem hast du laut einer Studie aus 2021[57] einen höheren Schweißverlust und eine höhere Körper(oberflächen-)Temperatur zu erwarten.

Ebenfalls 2016 untersuchte eine australische Forschergruppe[58] den regenerativen Aspekt der Strümpfe genauer. Hier wurden sie zunächst gar nicht während der Belastung getragen, sondern in einer einstündigen Pause zwischen zwei Läufen. Während die Probanden mit Kompressionsstrümpfen die zweite Strecke in der gleichen Zeit zurücklegen konnten wie zuvor, ist die Kontrollgruppe signifikant langsamer geworden. Besonders gut haben die Strümpfe bei jenen gewirkt, die an eine deutliche positive Wirkung geglaubt haben. Und jetzt, wo du weißt, dass es etwas bringen kann, kannst du ja auch daran glauben.

Ich gebe zu: Ich habe mir meine »Calf Sleeves« (das sind Unterschenkelstrümpfe ohne Socken) gekauft, weil ich vor einem elfstündigen Flug nach Tokyo Angst vor Thrombose hatte. Danach habe ich dann probiert, darin zu laufen, zu kämpfen (Keine Angst. Nicht böse auf der Straße. Ganz geregelt beim Bujinkan oder Judo. Ein paar Geschichten dazu und einen Reisebericht über meine Japanaufenthalte findest du auf meinem Blog www.floriankollin.com) und zu regenerieren. Und auch, wenn ich sie nicht jeden Tag trage, so finde ich das Gefühl doch sehr angenehm und bilde mir zumindest ein, dass sie mir helfen, schneller zu sein. Und wir alle wissen ja: Neben den Belegen dafür, dass sie wirklich helfen, spielt der Placebo-Effekt eine große Rolle. Ob ich jetzt wirklich schneller laufe, habe ich noch nicht nachgemessen. Aber wenn man sich für ein paar Euro wohler fühlt, ist das ja auch nicht schlecht.

Wer wegen der Rückkehr zur Natur zum Barfußlaufen kommt, findet es vermutlich weniger attraktiv, sich jetzt doch wieder etwas zusätzliches umzubinden. Das verstehe ich vollkommen und ein bisschen sehe ich das genauso. Im Endeffekt muss es wie immer jeder selbst wissen.

PFLASTER FÜR DIE BRUST

Brustpflaster sollte man nicht unterschätzen. Ein Pfennigartikel, den man oft übergeht, wenn es um Laufausrüstung geht. Das Prozedere ist aber ganz einfach und der Effekt enorm:

1. Pflaster kaufen
2. Gegebenenfalls Brusthaare rasieren (dann hält das Ganze einfach besser)
3. Pflaster möglichst sicher über beide Brustwarzen kleben
4. Nach dem Lauf freuen, dass das Shirt nicht voller Blut ist

Vergisst man diese Schritte, so reibt sich zwangsläufig das Shirt an den Brustwarzen. Für 10 Kilometer ist das vielleicht noch ok. Spätestens bei einem Halbmarathon werden es die meisten aber merken. Und wer trotz blutender Brustwarzen den Marathon zu Ende läuft, der verdient höchsten Respekt. Das Schlimmste: Das tut nicht nur beim Lauf weh. Bis es komplett abgeheilt ist, gehen schon einige Tage ins Land (Ja, das weiß ich leider aus Erfahrung).

FUSSPFLEGE

Mittlerweile bietet fast jede Pflegeproduktfirma, die etwas auf sich hält, auch spezielle Creme für die Füße an. Manchmal wird diese auch für Diabetiker beworben, und oft sind Produkte mit Urea (ein schöneres Wort für Harnsäure) versetzt, um mehr Feuchtigkeit zu spenden.

So oder so werden deine Füße es dir danken, dass du sie nicht nur trainierst, sondern im Anschluss auch entsprechend pflegst. Wie man Creme aufträgt, muss ich wohl nicht näher erläutern. Empfehlen würde ich es aber allemal.

Wenn ich länger nicht mehr barfuß unterwegs war, nutze ich solche Cremes auch gerne, um die Füße ein wenig zu schützen. Vom Gefühl her nimmt es sich nicht viel, ob die Füße eingecremt sind oder nicht, aber sie werden weniger schmutzig – und hey, das ist doch schon mal was. Natürlich kann man hierfür auch Vaseline nehmen. Die saut aber einfach mehr herum.

MUSIK

Manchmal ist es natürlich eher (ent)spannend, die Umgebung auf sich wirken zu lassen, gerade bei längeren Waldläufen zur gezielten Entspannung. Und wenn man mit anderen unterwegs ist, so ist Musik auch eher unangebracht.

Nichtsdestoweniger bin ich generell sehr musikbegeistert und höre dementsprechend auch oft beim Laufen Musik. Abgesehen vom Nutzen gegen die Langeweile hat man meistens ja auch ein paar »Powersongs«, die einen schneller ins Ziel bringen oder einem helfen, diesen nervigen Anstieg besser zu verkraften.

Und natürlich gibt es auch zu diesem Thema wissenschaftliche Untersuchungen. Die Arbeitsgruppe um Szmedra hat 1998[59] zehn gut trainierte Läufer untersucht und auf ein Laufband gestellt. Einmal mit Musik, einmal ohne.

Was kann man hier feststellen? Nun, zum einen unterscheidet sich die Sauerstoffaufnahme bei beiden Versuchen nicht voneinander. Aber – und hier wird es interessant – bei den Läufen ohne Musik wurden größere Werte für Hämodynamik (der Blutfluss in den Gefäßen) und Laktat im Blut gemessen. Dies legt eigentlich einen höheren Energieverbrauch nahe (»eigentlich«, weil dafür normalerweise auch die Sauerstoffaufnahme erhöht sein müsste).
Die Annahme ist nun, dass die Musik es den Läufern erlaubt, sich besser zu entspannen und somit den Blutfluss und den Laktatabbau durch eine geringere Muskelspannung

zu begünstigen. Es liegt also nahe, dass Musik während des Trainings einen psychobiologischen Effekt hat.

Erfahrungsgemäß hilft es, wenn du deine Songs entsprechend deiner Schrittfrequenz auswählst. Hast du also beispielsweise eine durchschnittliche Schrittfrequenz von 170, so wäre ein Song mit 85 Beats per Minute (bpm) gut. Für kurze Powerschübe dann gerne etwas mehr. Große Bereiche der Popmusik bewegen sich um die 120 bpm herum und sind damit weit genug von einer üblichen Schrittfrequenz entfernt, dass sie hier weder groß unterstützen noch stören. Für manche kann auch dies genau richtig sein, damit sich das Laufen nicht zu sehr nach Üben mit einem Metronom anfühlt. Möchtest du dir natürlich eine bestimmte Frequenz antrainieren, so kann Musik genau das Mittel der Wahl sein. Dann kannst du auch mal einen Song mit 170 bpm wählen.

Also Kopfhörer auf, Lieblingssong ausgewählt und ab dafür!

Ernährung / Supplemente

Hier soll es tatsächlich mehr um spezielle Supplemente gehen als um generelle Ernährung. Deswegen schauen wir uns ein paar mehr oder weniger exotische Nahrungsergänzungsmittel und Methoden an, von denen du vielleicht schon mal gehört hast, die du noch gar nicht kanntest, oder von denen du nicht wusstest, was sie mit dem Laufen zu tun haben. Mal sehen …

KAFFEE / KOFFEIN

Hm, Kaffee. Ich muss zugeben: Lange habe ich Kaffee gehasst. Ich fand, er riecht nicht gut, ich fand, er schmeckt nicht gut. Lediglich auf den Effekt, den er zu haben schien, war ich ein bisschen neidisch. Ich habe erst im Masterstudium damit angefangen, Kaffee zu trinken. Damals eine gute Mischung aus sozialer Komponente und gesteigerter Aufmerksamkeit. Mittlerweile habe ich mindestens vier Möglichkeiten, mir zu Hause Kaffee, Espresso und Ähnliches zu machen. Erfolg setzt sich halt durch. Doch hilft Kaffee wirklich beim Laufen?

Kanadier scheinen gerne an diesem Thema zu forschen, und so hat Terry E. Graham[60] herausgefunden, dass Koffein gut als Hilfe für aerobe Belastungen genutzt werden kann, welche länger als eine Minute andauern. Durch den Koffeinkonsum werden sowohl Ausdauer als auch Geschwindigkeit, nicht jedoch die maximale Sauerstoffaufnahme gesteigert. Zwei von drei Punkten für unseren Freund, den Kaffee.

Natürlich gelten diese Erkenntnisse auch für andere Substanzen, in denen Koffein enthalten ist. Persönlich bevorzuge ich Espresso gegenüber Kaffee. Gerade wenn es wärmer ist, kann grüner Tee eine super Alternative sein. Und Achtung: Auch, wenn es stimmt, dass in Schokolade Koffein zu finden ist, würde ich nicht empfehlen, die nötige Menge davon vor einem Wettkampf zu essen.

Nicht überzeugt, dass Koffein wirkt? Naja, immerhin steht es nicht umsonst auf der Doping-Liste des Internationalen Olympischen Komitees. Doch keine Sorge: Die Grenze liegt so hoch, dass ca. acht Tassen Kaffee nötig wären, bevor du positiv getestet wirst.

Wann sollte man nun den Kaffee trinken? Schwere Frage, zweideutige Antwort. Der Koffein-Peak im Blut wird ziemlich schnell nach der Einnahme erreicht. Die beste Wirkung auf die Fettspeicher zeigt sich aber erst nach Stunden. Persönlich funktioniert bei mir etwas Koffein eine Stunde vor dem Wettkampf sehr gut. Wenn dieser länger dauert (wie bei einem Marathon), dann auch gerne direkt vor dem Start. Ähnlich sah das wohl auch die Forschergruppe um J.D. Wiles, welche den Probanden in einem Experiment eine Stunde vor einem 1,5-Kilometer-Lauf Kaffee oder entkoffeinierten Kaffee zu trinken gaben. Bei den Sportlern, welche den Kaffee mit Wirkstoff tranken, traten die erwarteten positiven Wirkungen auf[61].

Und die Nachteile? Früher ging man davon aus, dass Kaffee dehydrierend auf den Körper wirkt. Das stimmt nicht ganz. Vielmehr wirkt Kaffee leicht abführend und somit setzt man sich dem Risiko aus, bei längeren Wettkämpfen zu dehydrieren. Ist man sich dessen bewusst, kann man allerdings sehr leicht gegensteuern. Wie? Na, einfach mehr Wasser trinken natürlich.

Kaffee	
Wie viel	2 – max. 7 Tassen
Wann	4 Stunden – 1 Minute vor dem Wettkampf

KREATIN

Von Kreatin hast du vielleicht schon einmal gehört. Es ist eines der wenigen (legalen) Supplemente, die wirklich schnell wirklich viel bringen. Beliebt ist es allerdings vor allem bei Sportlern, die hohen Belastungen über einen kurzen Zeitraum ausgesetzt sind (also beispielsweise Sprinter oder Bodybuilder).

Ohne zu sehr auf die wissenschaftlichen Details einzugehen, können wir uns kurz anschauen, was Kreatin überhaupt ist: Während Belastungsphasen wird in Muskeln ein Stoff namens ATP gebraucht. Und die schnellste Art, dieses ATP wiederherzustellen, ist, es aus (einer Form von) Kreatin zu resynthetisieren. Anders gesagt: Mehr Kreatin im Körper führt zu mehr Treibstoff für deine Muskeln.
Den Effekt auf Sprinter konnten schon Bosco und Kollegen

1996 nachweisen[62]. Hier wurden trainierte Sprinter auf ein Laufband gestellt und mussten bei einer Geschwindigkeit von 20 km/h so lange laufen, wie es eben ging. Nach der Einnahme von Kreatin verbesserte sich diese Zeit um 13 Prozent. Zu diesem Zeitpunkt wurde angenommen, dass die Bedingung für eine positive Wirkung der Kreatin-Einnahme eine Belastung sei, welche dynamisch, von hoher Intensität und intermittierend ist.

Und wie sehen neuere Studien zu dem Thema aus? 2014 beschäftigte sich die Arbeitsgruppe um Fu-Chun Tang[63] mit den Auswirkungen von Kreatin auf den Stoffwechsel. In der Studie wurden die finalen Tests zwar auch in 100-Meter-Sprints gemessen, allerdings bestand das Training zwischendurch aus einstündigen Ausdauerläufen. Die Forschergruppe kam zu dem Ergebnis, dass eine Einnahme von Kreatin besonders nach Ausdauerläufen dazu führt, dass eine geringere Proteindegradation stattfindet (also Proteine weniger stark abgebaut werden, die man in den Muskeln ja behalten möchte). Als mögliche Nebenwirkungen wurde eine Kollagen-Proteolyse (also eigentlich wieder ein Abbau von Proteinen, dieses Mal eben von Kollagen) nach Sprints angeführt. Zudem wurde festgestellt, dass die Versuchsteilnehmer, welche Kreatin und nicht das Placebo bekamen, an Muskelgewicht zulegten. Dies ist eine bekannte Folge von Kreatin, da zusätzliches Wasser in den Muskeln gespeichert wird.

Und wie sieht es nun bei Ausdauerläufern aus? Im Jahr 2011 haben Lukas Beis und Kollegen[64] den Effekt von Kreatin und Glycerol auf Ausdauerläufer unter verschiedenen Wärmebedingungen verglichen. Kreatin wurde zuvor

schon eine Herzfrequenz- und Körperkerntemperatur-senkende Wirkung zugeschrieben, welche hier bestätigt werden sollte. Möglicher Nachteil ist eine schlechtere Laufökonomie durch die Zunahme an Körpergewicht.
Und das Ergebnis? Obwohl die Läufer innerhalb einer Woche im Durchschnitt um 900 Gramm zunahmen, konnte keine Verschlechterung der Laufökonomie festgestellt werden. Es fand jedoch eine Verbesserung (in diesem Fall eine Minderung) der Herzfrequenz und Körperkerntemperatur statt. Dies ist beim Laufen in warmen Umgebungen (in der Studie bei 35 °C) von Bedeutung. Eine subjektive Verbesserung des Laufgefühls gab es allerdings nicht.

Kreatin	
Wie viel	5 – 15 Gramm
Wann	Zweimal täglich

ESSEN FÜR DEN WETTKAMPF / CARBOLOADING

Schon mal gehört? Carboloading, Carbloading, Saltin-Diät, Schwedendiät – es gibt zahlreiche Namen für diese Art der ernährungstechnischen Wettkampfvorbereitung. Die Idee ist immer die gleiche: Zunächst verwehre ich meinem Körper für einige Zeit die Kohlenhydrate, kurz vor dem Wettkampf führe ich sie ihm in hohem Maße wieder zu, damit er einen überkompensierenden Vorrat anlegt. Sprich: Wenn ich vorher ein Depot mit einem Wert von 100 Prozent hatte, erhoffe ich mir nun beispielsweise 125 Prozent und somit 25 Prozent mehr leicht verfügbare Energie für den Wettkampf.

Die Erfahrungen damit sind sehr unterschiedlich. Manche Leute schwören darauf, andere bekommen schon beim Versuch Magenprobleme. Also lass uns das Thema ganz vernünftig angehen und schauen, welche Grundlagen die Theorie hat und ob sie bestätigt werden kann.

Die Studie, die wir uns zunächst ansehen, stammt schon aus dem Jahr 1967[65] und sollte untersuchen, wie sich die Leistungsfähigkeit von Soldaten steigern lässt. Zu bedenken gilt es hier, dass sowohl die Ernährungsvorschriften als auch die ausgeführten Übungen recht extrem waren und vermutlich nicht jeder Breitensportler Lust verspüren wird, diese umzusetzen. Das Leeren der Kohlenhydrat-Depots fand hier über drei Tage statt, wobei am ersten Tag ein hartes Workout stattfand, dann drei Tage fast gänzlich auf Kohlenhydrate verzichtet wurde und nach einem anschließenden weiteren Workout die Phase der hoch-kohlenhydrathaltigen Ernährung folgte. Der Glykogenspiegel der Probanden wurde jeden Tag gemessen und lag gegen Ende der Versuchsreihe tatsächlich signifikant höher.

Glykogen ist eine der am einfachsten zu nutzenden Formen von Energie in unserem Körper. Man könnte nun also die Annahme aufstellen, dass man durch mehr Glykogen auch leistungsfähiger ist. Das ist auch durchaus korrekt, es zeigte sich allerdings, dass wir für die meisten Läufe ohnehin genug Glykogen vorrätig haben. Die erhöhte Menge wird erst ab etwa Marathondistanzen spannend.

Sollte man nun die zwei harten Workouts in der Woche des Wettkampfs in Kauf nehmen? Wenn man der Gruppe um Sherman glauben darf, muss man das gar nicht. Sein Team untersuchte 1981, ob das Absenken des Kohlenhydratspiegels wirklich notwendig ist. Die einfache Antwort: Scheinbar nicht. Probanden erzielten ein vergleichbares Ergebnis, indem sie mehr Kohlenhydrate zu sich nahmen und weniger trainierten.

Wie viel Kohlenhydrate solltest du nun essen? Angegeben sind etwa zehn Gramm pro Kilogramm Körpergewicht. Wenn du also 80 Kilo wiegst, musst du am Tag vorm Wettkampf 800 Gramm Kohlenhydrate zu dir nehmen. Gar nicht mal so wenig. Das sind schon eine Menge Bananen.

Und weil es so ja noch nicht uneindeutig genug wäre, gibt es da auch noch eine Studie aus dem Jahr 1991 von Fogelholm[66], bei der Versuchspersonen über fünf Tage lang neun Gramm Kohlenhydrate pro Kilogramm Körpergewicht essen sollten. Und was sagten die Glykogenlevel nach den fünf Tagen? Genau das gleiche wie zu Beginn der Studie. Entweder es bringt also vielleicht doch nichts, oder die Probanden wollten einfach nicht so viel essen.

Ein Review aus dem Jahr 2007[67], welches sich explizit mit Ernährung für den Marathon beschäftigt, legt nahe, dass die 36 bis 46 Stunden vor dem Rennen die wichtigsten sind. Also: Die letzten beiden Tage mal so richtig viele Nudeln zu essen, solltest du schaffen, oder?
Natürlich gibt es auch typische Fehler, welche beim Carboloading gemacht werden. Auch wenn dir das natürlich

nicht passiert, solltest du sie kennen, um sie besser vermeiden zu können:

- Du isst nicht genug Kohlenhydrate. Nein, wirklich. Man muss schon eine Menge essen, um auf die nötige Energiemenge zu kommen.

- Du nimmst zu viele Ballaststoffe zu dir. Eigentlich eine gute Sache. Nur in diesem Fall wirst du vermutlich Probleme mit deinem Magen und der Verdauung bekommen. Du solltest lieber auf Lebensmittel mit »dichtgepackter« Energie setzen: Honig, Zucker, Softdrinks ... dir fällt schon etwas ein.

- Du hast Angst, zuzunehmen. Ja, du wirst zunehmen, wenn du das hier richtig machst. Üblich sind rund zwei Kilogramm (natürlich abhängig von deinem Gewicht). Kohlenhydrate sind ziemlich gut darin, Wasser zu binden. Und Wasser wiegt halt etwas.

- Nur weil du viel essen sollst, heißt das nicht, dass du viel von allem essen sollst. Wenn du nun etwa denkst, du könntest ja ohnehin alles essen, so sei gewarnt: Wenn du jetzt auch noch sehr fetthaltige Lebensmittel ins Spiel bringst, wird es dir nicht unbedingt leichter fallen, die notwendigen Mengen an Kohlenhydraten zu dir zu nehmen.

Hier mal ein beispielhafter Plan für einen Tag. Ich habe extra keine Mengen angegeben, damit sich jeder selbst die Mengen passend zum Körpergewicht ausrechnen kann:

Frühstück

- Cerealien mit fettarmer Milch
- Banane
- Orangensaft

Zwischensnacks

- Toastbrot mit Honig
- Softdrinks

Mittagessen

- Weißbrot-Sandwiches
- Fettarmer Fruchtjoghurt
- Orangensaft

Zwischensnack

- Ein Smoothie aus Banane, fettarmer Milch und Honig

Abendessen

- Pasta mit Soße
- Brot als Beilage
- Softdrinks

Betthupferl

- Toastbrot mit Honig
- Orangensaft

REZEPTE FÜR INTERESSANTE DRINKS

Dass Trinken elementar wichtig ist, muss ich wohl nicht näher erläutern. Manchen Menschen muss/kann/darf man aber scheinbar sagen, dass man leckere Getränke auch selber herstellen kann. Man muss nicht unbedingt die zusätzlichen Euro ausgeben, die »Sport-Drinks« im Laden kosten. Und wenn man zudem noch ein wenig auf seine Aufnahme von Kohlenhydraten oder andere Kriterien achten möchte, empfiehlt es sich oft, die Getränke einfach selber machen.

Hier macht experimentieren wirklich Spaß und ich werde nur ein paar grundlegende Ideen darstellen – und natürlich Rezepte empfehlen, die mir selbst geschmeckt haben. Wenn du sie nicht magst: Kein Problem. Finde heraus, was für dich richtig ist und dir schmeckt.

Was erwarten wir also generell von Sportgetränken?

1. Sie sollen uns helfen, genug Flüssigkeit aufzunehmen
2. Oft sollen sie Kohlenhydrate enthalten, um die Energiespeicher zu füllen.
3. Ein wenig Salz hilft dabei, die Drinks isotonisch zu machen, sie also an die Werte des Bluts anzupassen – somit kann die Flüssigkeit schneller aufgenommen werden.

Schauen wir uns das Ganze noch kurz von der wissenschaftlichen Seite aus an:
Eine Betrachtung aus dem Jahr 1998[68] hat klare Anzeichen dafür gefunden, dass die Leistung verbessert werden kann, wenn sowohl Flüssigkeit als auch Energie bereitgestellt werden. Dies stimme für den sonntäglichen Hobby-Fußballer genau wie für den Olympioniken. Am wichtigsten ist es also, dass die Getränke Kohlenhydrate enthalten, um den Stoffwechsel zu unterstützen. Zudem sollte Zucker und Natrium hinzugefügt werden, um die Aufnahme des Wassers im Körper zu fördern.

Du hättest gerne Koffein in deinem Getränk? Aber du hast Angst, dass dein Magen nicht mitspielt? Keine Sorge, wenn du nicht aus anderen Gründen überempfindlich reagierst (und dementsprechend vermutlich sowieso kein Koffein trinkst), dann musst du dir über diesen Punkt kaum Gedanken machen. Im Jahr 2013[69] verglich eine Studie Wasser mit Sportgetränken mit und ohne zugesetztem Koffein. Und das Ergebnis: Eigentlich lassen sich in den wesentlichen Parametern keine Unterschiede feststellen (dies geschah erst bei einer Belastung von 90 Prozent maximaler Sauerstoffaufnahme über zehn Minuten). Die gute Nachricht: Durch zugesetztes Koffein erhöhte sich die Glukose-Aufnahme im Dünndarm. Ähnliches konnte auch schon 1998[70] gezeigt werden: Die Aufnahme von Koffein erhöht die Glukose-Werte im Blut. Und das Insulin-unabhängig. Yeah. Bessere Energieaufnahme für uns!

Immer noch nicht überzeugt? 2007 gab es eine Studie[71] mit Radfahrern, in der wiederum Wasser mit Sportgetränken mit und ohne Koffein verglichen wurden. Hier wurde festgestellt, dass sich bei den Testpersonen, welche das koffeinierte Sportgetränk tranken, folgende positive Eigenschaften bemerkbar machten:

- Die verrichtete Arbeit war um 15-23 Prozent größer
- Die gefühlte Anstrengung war geringer
- Die Maximalkraft ließ um zwei Drittel weniger nach

Und wieso dann nicht in jeden Drink Koffein tun? Das ist ja das Schöne: Das kannst du machen, wie du willst, weil du sie ja selber zusammenstellst. Ich empfehle jetzt lieber erstmal einige ohne Koffein und schreibe nicht immer extra dazu: »Du könntest jetzt noch Koffein dazu tun«. Das kriegst du schon hin. Und auch wenn das Thema der Energieaufnahme und der anderen positiven Effekte erhalten bleibt, so solltest du dir natürlich gut überlegen, wie lange vorm Schlafengehen du noch Koffein zu dir nehmen möchtest. Grobe Richtwerte gehen davon aus, dass man acht bis zwölf Stunden vor der Schlafenszeit kein Koffein mehr zu sich nehmen sollte, um zu einem besseren (Tief-) Schlaf zu kommen.

Cranberry-Drink

Ein sehr leckerer Drink aus Cranberry-Saft. Und ja, ich weiß, dass man auf Deutsch auch »großfrüchtige Moosbeere« sagen kann. Aber erklär dann bitte mal den Verkäufern im Supermarkt, was du suchst … Der Ahornsirup gibt dem Ganzen eine sehr interessante Süße, kann aber natürlich auch gegen andere Süßungsmittel getauscht werden.

- 250 ml Cranberry Saft
- 500 ml Wasser
- 1 Teelöffel Ahornsirup
- ¼ Teelöffel Salz

Zitronen-Limetten-Drink

Wenn du es etwas herber magst, sind Zitronen und Limetten genau das richtige. Gerade im Sommer und gut gekühlt super. Wenn du keine Lust hat, extra beides zu kaufen, funktioniert das Ganze natürlich auch mit nur Zitronen oder nur Limetten.

- 100 ml Zitronensaft
- 100 ml Limettensaft
- 500 ml Wasser
- 2 Esslöffel Honig
- ¼ Teelöffel Salz

Erdbeer-Kokosnuss-Drink

Kokoswasser ist schon etwas exotisch, man bekommt es aber eigentlich in jedem Supermarkt in der Dose. Das Ganze wird ziemlich gehaltvoll und geht stark in Richtung Smoothie. Dementsprechend reicht hier gutes Umrühren auch nicht mehr aus. Der Kram muss in den Mixer. Wenn du es »cooler« magst, füge einfach noch 200 ml Eis hinzu.

- 750 ml Kokoswasser
- 250 g Erdbeeren
- 250 ml Wasser
- 2 Esslöffel Honig

Chia-Drink 1

Kennst du schon Chiasamen? Die sind seit einiger Zeit super angesagt, und das nicht ganz ohne Grund. Sie enthalten viele Omega-3-Fettsäuren, Antioxidantien und vieles mehr. Leider sind sie auch nicht ganz billig. Aber probiere das ruhig mal aus, Chiasamen sind irgendwie witzig.
3 Esslöffel Chia Samen in 250ml warmem Wasser ein wenig »aufgehen« lassen. Zwischendurch umrühren. Wenn sie anfangen, größer zu werden, in den Kühlschrank damit und über Nacht ruhen lassen
Am nächsten Tag dein Chia-Gel mit 250ml Saft deiner Wahl mischen (Kirschsaft finde ich gut)

Chia-Drink 2

Du bist eher so wie ich und willst nicht immer über Nacht warten, bis irgendwas fertig ist? Kein Problem. Chiasamen sind auch cool, wenn sie noch klein sind. Also einfach:

- 3 Esslöffel Chia Samen
- 250 ml Wasser
- 250 ml (Kirsch-)Saft
- 1 Banane

Ab in den Mixer und gut durchmixen, bis die Samen halbwegs aufgebrochen sind. Wenn du magst, tu noch etwas Eis dazu, dann wird es erfrischender. Den Mixer nachher sauber zu machen, macht leider weniger Spaß als das Getränk selbst.

Kokoswasser-Orangen-Drink

Du kennst ja die Sportgetränke der riesigen Getränkemarken? So etwas in der Art kannst du auch selbst machen. Und fühlst dich dann auch besser, weil du die Zutaten im Bio-Markt um die Ecke kaufen kannst und dir nicht anhören musst, wie viel Regenwald gerade für Plantagen gerodet wurde. Hier also ein erfrischendes Rezept:

- 250 ml Kokoswasser
- Saft von 3 Orangen
- Saft von einer halben Zitrone

Tada. Ganz einfach. Wenn es dir nicht süß genug ist, einfach ein wenig Stevia oder Honig zugeben.

WIE VIEL SOLL ICH TRINKEN?

Eines der Themen, die wohl jeden Läufer früher oder später beschäftigt, ist die Frage danach, wie viel man eigentlich so trinken sollte. Sei es vor dem Lauf, währenddessen oder danach. Leider hört sich die Frage viel trivialer an, als sie ist. Oft findet man die Empfehlung, »so viel wie möglich« zu trinken. Das ist meist nicht ernst gemeint (im Sinne von »Trink, bis du dich übergibst«), sollte aber durchaus überdacht werden. Es sind einige Fälle bekannt, in denen Menschen durch zu hohe Wasseraufnahme gestorben sind. Nun sagt man natürlich: Klar, wenn irgendwelche Trottel zu Hause zwölf Liter Wasser an einem Abend trinken, sind sie selbst schuld. Aber auch unsereins ist nicht immer so klug und glücklich, wie man glauben mag. Und so gab es beispielsweise beim Boston Marathon im Jahr 2002 den Todesfall einer jungen Frau zu betrauern, die starb, da sie vor und während des Rennens zu viel Flüssigkeit aufnahm.

Angeberwissen: Gestorben ist sie dann faktisch an Hyponatriämie – einem zu niedrigen Natriumspiegel des Blutes. Auch wenn nicht gleich jeder stirbt, ist dies jedoch kein Einzelfall. Es gibt auch Studien, welche sich gezielt mit Ultramarathonläufern beschäftigen, welche ebenso nach einem 88-Kilometer-Lauf an Hyponatriämie litten[72].

Der Boom der Empfehlung, viel zu trinken, dürfte auf ein 1969 veröffentlichtes Paper von Wyndham und Strydom[73] zurückgehen. Die Autoren testeten zwar keinen Marathonlauf, obwohl dies im Titel so beworben wird, aber geben doch den Rat, mehr zu trinken, als dies bis dato der Fall war.

Dazu sei allerdings angemerkt, dass in dem Experiment, in welchem immerhin 32 Kilometer zurückzulegen waren, jene Testpersonen gewannen, welche am stärksten dehydriert waren.

Jetzt habe ich Angst: Wann gehöre ich zur Risikogruppe und könnte mir durch zu viele Getränke schaden?

Gute Frage. Natürlich gibt es auch auf so etwas eine wissenschaftliche Antwort. Timothy David Noakes[74] gehört man nach folgenden Kriterien zur Risikogruppe (Er hat hierfür eine Veröffentlichung bezüglich der Hyponatriämie-Fälle beim Houston Marathon 2000[75] analysiert):

- Du bist eine Frau
- Du läufst einen Marathon
- Du läufst langsamer als 8-9 km/h (Das entspricht einer Zielzeit über fünf Stunden)
- Du nimmst zu (durch übermäßige Flüssigkeitsaufnahme vor und während des Laufes)

Wie viel kann ich denn nun trinken?

In einer 1996 von Convertino und Kollegen durchgeführten Studie[76] wurde herausgestellt, dass der Körper zwischen 600 und 1200 Milliliter pro Stunde toleriert. Des Weiteren wird hier empfohlen, zwei Stunden vor dem Wettkampf einen halben Liter Wasser zu trinken. So sei eine ausreichende Hydrierung sichergestellt, man habe aber dennoch genug Zeit, das überflüssige Wasser wieder auszuscheiden. Die Empfehlung lautet weiterhin, dass während der Belastung regelmäßig oder bis zur tolerierten Grenze (siehe oben) getrunken werden soll. Dabei sollten

die Getränke eine Temperatur zwischen 15-22 °C haben – kühler als die Umgebung.
Und wie steht es mit zugesetzten Kohlenhydraten? Solange die Belastung kürzer als eine Stunde andauert, konnte kein Unterschied festgestellt werden. Bei längerer Dauer wird die Aufnahme von kohlenhydrathaltigen Getränken empfohlen.

Dass man auch zu viel trinken kann, habe ich schon weiter oben ausgeführt. In der Studie von Timothy David Noakes wurde auch erwähnt, dass die in diesem Abschnitt angegebenen Mengen zu hoch sein könnten. Er wiederum empfiehlt eine Wasseraufnahme nach eigenem Durstgefühl. Dies liegt meist im Bereich zwischen 400 und 800 Milliliter pro Stunde. Wenn du langsam und bei moderaten Temperaturen läufst, eher weniger, wenn du Olympionike bist, wohl eher etwas mehr.

Und was sagst du jetzt dazu, Florian?
Da ich nur mich selbst als Forschungsobjekt untersuchen konnte, was diese Frage angeht, werde ich einen Teufel tun und bestreiten, was zum Thema bereits gesagt wurde. Deutlich unterstützen möchte ich jedoch den Hinweis, schon mehr als zwei Stunden vor dem Wettkampf zu trinken. Denn wenn man während der ersten zehn Kilometer schon zwei Mal in den Busch muss, nervt das ja auch nur.

GENERELLE ERNÄHRUNG UND DIÄTEN

Wenn ich hier noch mit der Analyse kompletter Diätformen anfangen würde, so wäre das für dieses Buch sicher ein wenig zu ausschweifend. Nichtsdestotrotz solltest du dich durchaus mal fragen, auf welche Weise du dich ernähren möchtest. Für manche Leute funktioniert es sehr gut, einfach das zu essen, worauf sie gerade Hunger haben. Doch spätestens, wenn man sich damit unwohl fühlt oder ein konkretes Ziel erreichen möchte, sollte man (auch) bei der Ernährung ansetzen. Du willst abnehmen? In Bodybuilder-Kreisen heißt es nicht umsonst »Abs are made in the kitchen« – Bauchmuskeln werden in der Küche gemacht. Deine 100 Situps am Tag bringen nicht viel, wenn sich dein Sixpack hinter der dicken Speckschicht versteckt.

Konzepte, welche ich persönlich für gut halte – und die Forschung tut das auch – sind beispielsweise nahezu alle Low-Carb-Diäten. Und versteht mich hier nicht falsch: Nur weil ich von »Diät« schreibe, hat das nicht unbedingt etwas damit zu tun, weniger zu essen, sondern einfach nur damit, wie man sich ernährt.

Denkt dran: Wenn ihr euch wirklich dafür interessiert, lest bitte (deutlich) mehr darüber, als ich hier vorstelle. Ernährung ist ein komplexes Thema, was man nicht mal eben so in zwei, drei Sätzen abhandelt. Um euch wenigstens einen kurzen Überblick zu geben:

No-Carb

Die wohl extremste Form der erwähnten Diäten. Hier wird versucht, vollständig auf »Carbs«, also Kohlenhydrate, zu verzichten. Als Energielieferanten dienen dementsprechend Fette und Eiweiße. Diese Diät wird auch als ketogene Diät bezeichnet, da bei ihr sogenannte Ketonkörper entstehen: Weil dein Körper weiterhin Kohlenhydrate braucht, muss er diese über den Umweg chemischer Verbindungen, der Ketonkörper, aus Fett selber herstellen. Hier wird also sehr aktiv an der Fettverbrennung gearbeitet. Ziemlich effizient, aber auch ziemlich anstrengend durchzuhalten. Essen kannst du dann fast nur noch Fleisch, Käse, Fisch, Eier und Butter.

Für Sportler ist diese Diätform umstritten, da manche Leute sich energielos fühlen. Andere wiederum kommen gut mit dem geänderten Stoffwechsel zurecht. Aufpassen sollte man auf ein mögliches Defizit an Vitaminen. Wenn du es also wirklich wissen willst und einen starken Willen hast, kannst du dich hier ausprobieren. Mir persönlich sind »sanftere« Formen lieber.

Low-Carb

Low-Carb funktioniert nach dem gleichen Prinzip wie No-Carb, ist nur etwas gemäßigter. Hier dürfen noch Kohlenhydrate gegessen werden, jedoch möglichst geringe Mengen. Ich persönlich habe gute Erfahrungen damit gemacht »braune Kohlenhydrate« zu mir zu nehmen, also beispielsweise Vollkornreis, Vollkornnudeln und so weiter. Dies kombiniert mit einem schönen Stück Lachs, Hühnchen oder ähnlichem ergibt ein tolles Essen, das man auch nach zwei Wochen nicht satthat. Low-Carb schlägt nicht ganz so schnell an wie No-Carb, funktioniert aber meiner Erfahrung nach langfristig besser, da man sich nicht so einschränken muss.

Slow-Carb

Eigentlich auch nur eine Variation von Low-Carb. Hier geht es darum, keine Kohlenhydrate zu sich zu nehmen, die auch »weiß« sein können. Also zum Beispiel auch keinen Vollkornreis, weil es diesen auch in weißer Form gibt. Erlaubt sind Hülsenfrüchte wie etwa Bohnen und Linsen. Die Idee ist, die Insulinausschüttung positiv zu beeinflussen und somit große Ausschüttungen in kurzer Zeit zu vermeiden (dazu käme es etwa bei der Aufnahme von Zuckern).

Nach dieser Idee ernähre ich mich selbst zurzeit und komme sehr gut damit klar. Das mag unter anderem auch daran liegen, dass ich mir kleine Ausnahmen erlaube, wie etwa das Essen von Magerquark mit kleinen Mengen Obst.

Paleo

Die Paleo-Diät wird auch gerne als Steinzeit-Diät bezeichnet. Dies begründet sich auf der Idee, dass unsere körperliche Evolution nicht mit den Änderungen unserer Umwelt Schritt halten konnte und uns somit heutzutage ganz anderes Essen zur Verfügung steht, als wir eigentlich brauchen und vertragen. Stell dir also vor, du wärst einer dieser Jäger oder Sammler vor vielen tausenden von Jahren. Da hättest du nur schwerlich delikaten Käsekuchen in der freien Wildbahn gefunden. Doch auch Hülsenfrüchte und Getreide waren nicht mal eben so zu haben. Was bleibt, sind mal wieder Gemüse, Tierprodukte und Obst.

Ich habe mich mal etwa eine Woche nach Paleo-Grundlagen ernährt. Nachdem sich mein Körper in den ersten Tagen noch umstellte, habe ich mich in der kommenden Zeit wirklich großartig und voller Energie gefühlt. Allerdings empfand ich es auch als relativ aufwändig, mich so zu ernähren, da natürlich weiterverarbeitete Lebensmittel tabu sind.

Die meisten Diätformen, die auf Verzicht beruhen, erlauben so genannte »Cheat Days«. Einen Tag die Woche darf man essen, was man möchte. So soll der Körper davon abgehalten werden, in einen Energiesparmodus zu wechseln. Mir persönlich hilft es auch deshalb enorm, weil ich dann innerhalb der Woche leichter meine Diät durchhalten kann. Wenn ich gerne M&Ms essen möchte, kann ich mir einfach sagen: »Warte bis zum Sonntag«. Und entweder ich habe dann gar keinen Hunger mehr auf M&Ms, oder ich genieße sie um so mehr.

Reaktionen aufs Barfußlaufen

Eigentlich war mein Plan, hier die vielen lustigen Reaktionen niederzuschreiben, die ich erlebe, wenn ich barfuß laufe. Aber ehrlich gesagt habe ich davon gar nicht so viele gesammelt. Versteh mich nicht falsch. Reaktionen gibt es genug. Nur eben seltsamerweise kaum lustige. Im Gegenteil: Viele Menschen finden es scheinbar sogar eher bewundernswert. Selbst wenn ich an den »harten Fußballern« vorbeilaufe, die sich sonst eher mäßig für Läufer interessieren, kommen dann und wann anerkennende Sätze.

Natürlich schauen viele Leute ziemlich genau hin, wenn man locker an ihnen vorbeiläuft, manche erschrecken sich sogar ein wenig, wenn man sie von hinten überholt, weil der sonst oft unvermeidbare Krach durch das harte Aufsetzen mit der Ferse fehlt. Aber negativ hat sich mir gegenüber bis dato noch niemand geäußert. Nur ein Bekannter hat mir mal gesagt, ich solle sofort damit aufhören, vom Barfußlaufen bekäme man »Fußwürmer«. Ja, alles klar!

Vielleicht hast du ja schon spannende Geschichten beim Barfußlauf erlebt? Witzige Kommentare gehört? Es würde mich freuen, wenn du sie mit mir teilen würdest. Du erreichst mich unter ***florian.kollin@gmail.com***.

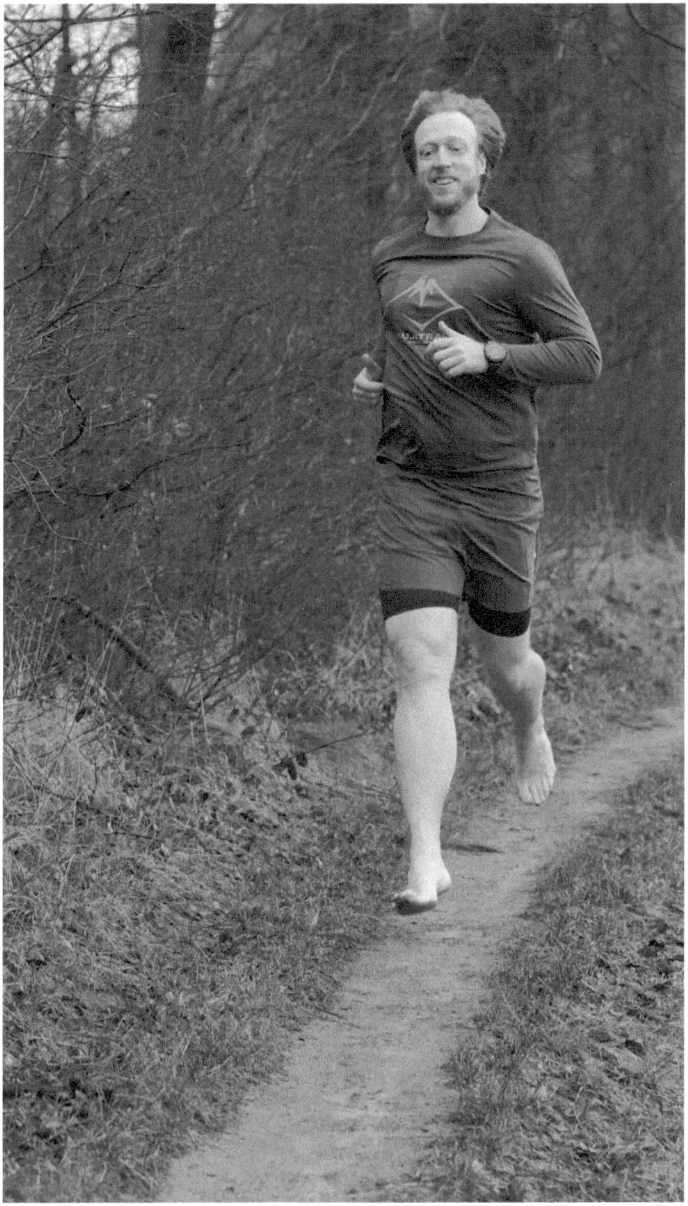

Der Autor 2024 im Bielefelder Wald

Referenzen

Die Referenzen sind hier im IEEE Format angegeben. Dies spart Platz im eigentlichen Text und sorgt hoffentlich dafür, dass du als Leser den Text angenehmer konsumieren kannst.

Viele der hier erwähnten Paper sind leider nicht frei zugänglich. Das bedeutet, du musst im Idealfall an einer Uni mit einer (meist) medizinischen Fakultät eingeschrieben sein oder entsprechende Studenten oder Ärzte kennen. Wenn du nicht in die Tiefe gehen möchtest, sondern nur schnell checken, ob ich nicht totalen Quatsch schreibe, reicht es in den meisten Fällen aber, das Abstract des Artikels zu lesen, welches wiederum meist gratis zu finden ist.
Dass Bildungseinrichtungen wie Unis und die Forschung an ihnen oft vom Land bezahlt werden und die Forschungsergebnisse trotzdem nicht frei zugänglich sind, sollte einem auch mal zu denken geben, ist aber nicht Inhalt dieses Buches.

Was wiederum gut funktioniert und total legal ist: Einfach die Autoren der Studie anschrieben, die man lesen möchte: Sie freuen sich oft über das Interesse und schicken einem gerne die Studie(n) zu.

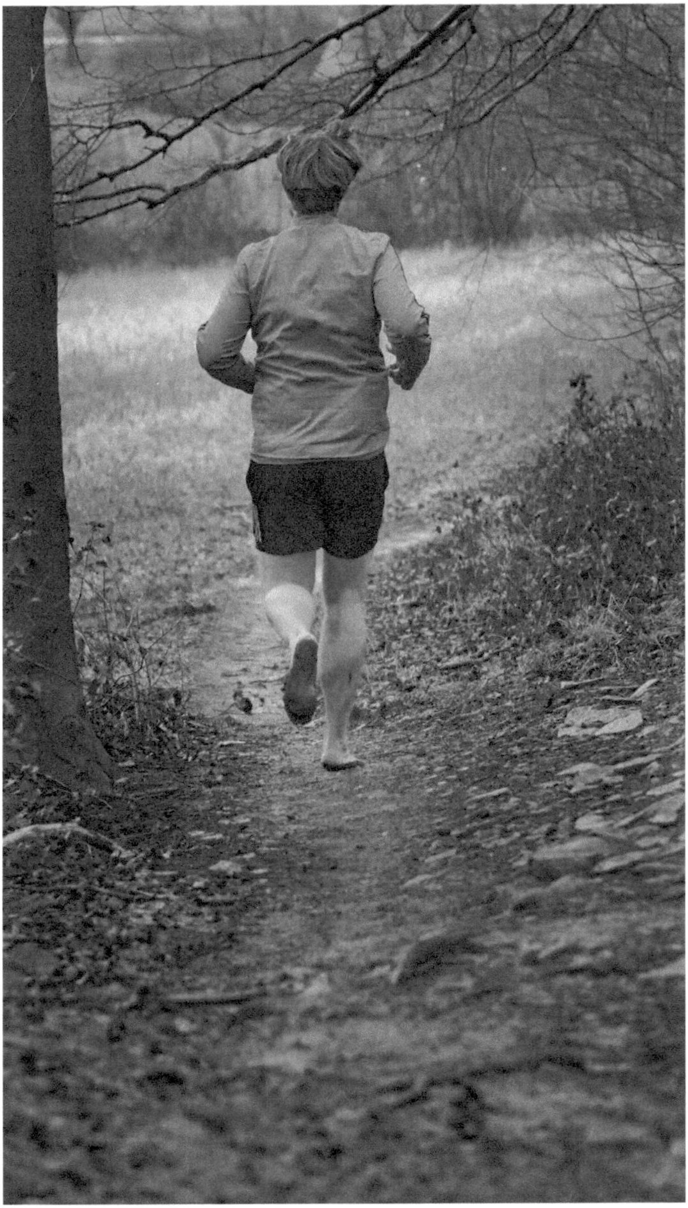

DER AUTOR

Florian Kollin war schon als kleines Kind an dem Wie und Warum interessiert und wollte am liebsten immer für alles eine logische Erklärung finden. So war es wenig verwunderlich, dass er sich etliche Jahre später im Studium der Bioinformatik und Genomforschung wiederfand. Dies erweiterte er um einen Master in Genome-based Systems Biology und arbeitete und forschte im Anschluss in Aarhus in Dänemark und an der Universität Bielefeld. Mittlerweile ist er Teamleiter in einer Firma für Wissensmanagement. Während seiner Forschungszeit war er Co-Autor bei wissenschaftlichen Publikationen im Bereich der Genomforschung. Seit über zehn Jahren veröffentlicht er regelmäßig Artikel in Fachzeitschriften.

Die ersten Berührungen mit dem Laufen als Sport hatte er beim Sportabzeichen in der Grundschule. Da das dann aber auch ohne viel Training (gerade so) klappte, gab es erst mal wieder wichtigere Hobbys. Auf dem Gymnasium war es dann Zeit für den ersten »längeren« Crosslauf – das war schon deutlich spannender. Und so gesellte sich neben Judo eine weitere Sportart zu seinen Freizeitbeschäftigungen, der er seitdem, mal mehr und mal weniger intensiv, treu ist.

Mittlerweile ist Florian – natürlich auch dank wissenschaftlicher Erkenntnisse – überzeugter denn je, dass Laufen, und hier insbesondere Barfußlaufen, die natürlichste Sportart für den Menschen ist. Und sie ihm einfach guttut. Er hat mittlerweile an diversen Volksläufen teilgenommen, gerne natürlich auch barfuß.

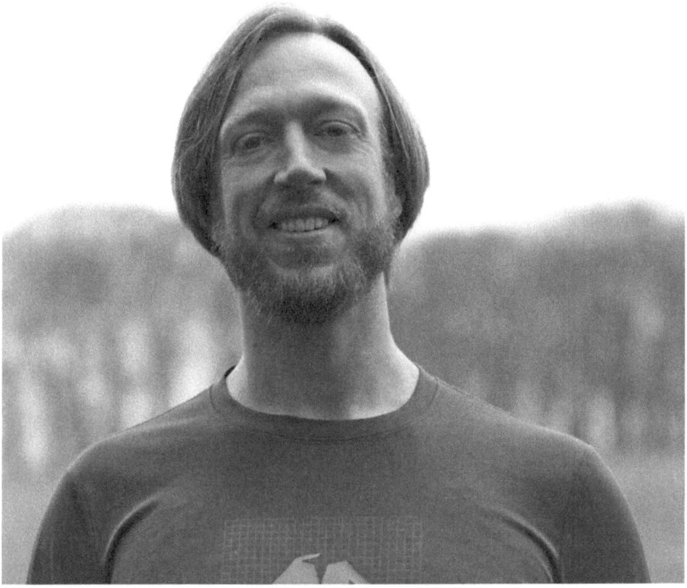

Der Autor Florian Kollin

Über dieses Buch

Wie füllt man die Zeiten, in denen man gerade nicht läuft? Klar: Bücher übers Laufen lesen. Und irgendwann dann eben auch Studien übers Laufen. Und noch mehr Studien. Und nochmals mehr. Nun sind wissenschaftliche Ausarbeitungen nicht die unterhaltsamste Lektüre und so wuchs der Wunsch danach die wichtigsten Erkenntnisse zusammenzufassen und leichter verdaulich zu veröffentlichen.
Nachdem das Buchprojekt inhaltlich 2016 ein erstes Mal »fertig« war, ging es über die Jahre sporadisch voran und 2023/2024 stand endgültig fest: Das muss auch veröffentlicht werden. Der große Vorteil: Die Studienlage ist gewachsen, gefestigt und das Buch hat trotz neuer Quellen aus den letzten Jahren seit 2016 nichts von seiner Aktualität verloren.

ENDNOTEN

1 D. M. Bramble and D. E. Lieberman, "Endurance running and the evolution of Homo.," Nature, vol. 432, no. 7015, pp. 345–52, Nov. 2004.

2 S. A. Neeper, F. Gómez-Pinilla, J. Choi, and C. W. Cotman, "Physical activity increases mRNA for brain-derived neurotrophic factor and nerve growth factor in rat brain," Brain Res., vol. 726, no. 1, pp. 49–56, 1996.

3 H. Y. Moon, A. Becke, D. Berron, B. Becker, N. Sah, G. Benoni, E. Janke, S. T. Lubejko, N. H. Greig, J. A. Mattison, E. Duzel, H. van Praag, D. N. Abrous, J. M. Wojtowicz, N. Aggarwal, B. F. Sloane, L. Z. Agudelo, T. Femenía, F. Orhan, M. Porsmyr-Palmertz, M. Goiny, V. Martinez-Redondo, J. C. Correia, M. Izadi, M. Bhat, I. Schuppe-Koistinen, et al., M. Banerjee, V. A. Sasse, Y. Wang, M. Maulik, S. Kar, E. Bednarski, J. C. Lauterborn, C. M. Gall, G. Lynch, J. Bendiske, B. A. Bahr, D. Cavallo-Medved, D. Rudy, G. Blum, M. Bogyo, D. Caglic, B. F. Sloane, M. V. Chao, R. Rajagopal, F. S. Lee, L. Czibere, L. A. Baur, A. Wittmann, K. Gemmeke, A. Steiner, P. Weber, B. Pütz, N. Ahmad, M. Bunck, C. Graf, et al., S. A. Devi, T. R. Kiran, E. Duzel, H. van Praag, M. Sendtner, T. M. Eriksson, A. Alvarsson, T. L. Stan, X. Zhang, K. N. Hascup, E. R. Hascup, J. Kehr, G. A. Gerhardt, J. Warner-Schmidt, M. Arango-Lievano, et al., U. Felbor, B. Kessler, W. Mothes, H. H. Goebel, H. L. Ploegh, R. T. Bronson, B. R. Olsen, C. I. Harris, A. G. Baillie, J. A. Hawley, M. Hargreaves, M. J. Joyner, J. R. Zierath, V. Y. Hook, M. Kindy, G. Hook, L. Katsimpardi, N. K. Litterman, P. A. Schein, C. M. Miller, F. S. Loffredo, G. R. Wojtkiewicz, J. W. Chen, R. T. Lee, A. J. Wagers, L. L. Rubin, T. Kawauchi, F. Klempin, D. Beis, V. Mosienko, G. Kempermann, M. Bader, N. Alenina, T. Kobilo, C. Yuan, H. van Praag, T. Kobilo, D. Guerrieri, Y. Zhang, S. C. Collica, K. G. Becker, H. van Praag, R. Lemaire,

R. M. Flipo, H. Migaud, C. Fontaine, G. Huet, E. Dacquembronne, R. Lafyatis, E. Morel, J. Gruenberg, S. Mueller-Steiner, Y. Zhou, H. Arai, E. D. Roberson, B. Sun, J. Chen, X. Wang, G. Yu, L. Esposito, L. Mucke, L. Gan, R. S. Nowakowski, P. Rakic, O. C. Olson, J. A. Joyce, B. K. Pedersen, M. A. Febbraio, Z. Radak, Z. Zhao, E. Koltai, H. Ohno, M. Atalay, A. Salminen, K. Hongisto, V. Vihko, C. R. Sartori, A. S. Vieira, E. M. Ferrari, F. Langone, E. Tongiorgi, C. A. Parada, T. Sooksawate, M. A. Simmonds, P. Svenningsson, Y. Kim, J. Warner-Schmidt, Y. S. Oh, P. Greengard, V. Turk, V. Stoka, O. Vasiljeva, M. Renko, T. Sun, B. Turk, D. Turk, F. Vargha-Khadem, D. G. Gadian, K. E. Watkins, A. Connelly, W. Van Paesschen, M. Mishkin, M. W. Voss, C. Vivar, A. F. Kramer, H. van Praag, Y. X. Wang, H. Lv, Z. X. Li, C. Li, X. Y. Wu, R. H. Westerink, A. G. Ewing, W. P. Wong, J. B. Altemus, J. F. Hester, E. R. Chan, J. F. Côté, D. Serre, E. Sehayek, C. D. Wrann, A. A. Yakovlev, N. V. Gulyaeva, M. Yoshida, T. Yamashima, L. Zhao, K. Tsuchiya, Y. Kohda, A. B. Tonchev, M. Matsuda, and E. Kominami, "Running-Induced Systemic Cathepsin B Secretion Is Associated with Memory Function," Cell Metab., vol. 0, no. 0, pp. a018952-437, Jun. 2016.

4 M. S. Nokia, S. Lensu, J. P. Ahtiainen, P. P. Johansson, L. G. Koch, S. L. Britton, and H. Kainulainen, "Physical exercise increases adult hippocampal neurogenesis in male rats provided it is aerobic and sustained," J. Physiol., vol. 594, no. 7, pp. 1855–1873, Apr. 2016.

5 R. G. Alloway, T. P. Alloway, P. M. Magyari, and S. Floyd, "An Exploratory Study Investigating the Effects of Barefoot Running on Working Memory," Percept. Mot. Skills, vol. 122, no. 2, pp. 432–443, Apr. 2016.

6 D. E. Lieberman, M. Venkadesan, W. a Werbel, A. I. Daoud, S. D'Andrea, I. S. Davis, R. O. Mang'eni, and Y. Pitsiladis, "Foot strike patterns and collision forces in habitually barefoot versus shod runners.," Nature, vol. 463, no. 7280, pp. 531–5, Jan. 2010.

7 D. E. Lieberman, M. Venkadesan, W. a Werbel, A. I. Daoud, S. D'Andrea, I. S. Davis, R. O. Mang'eni, and Y. Pitsiladis, "Foot strike patterns and collision forces in habitually barefoot versus shod runners.," Nature, vol. 463, no. 7280, pp. 531–5, Jan. 2010.

8 J. R. Franz, C. M. Wierzbinski, and R. Kram, "Metabolic cost of running barefoot versus shod: is lighter better?," Med. Sci. Sports Exerc., vol. 44, no. 8, pp. 1519–25, Aug. 2012.

9 A. J. Berrones, S. Kurti, K. Kilsdonk, D. Cortez, F. Melo, and M. Whitehurst, "Barefoot running reduces the submaximal oxygen cost in female distance runners.," J. Strength Cond. Res., Jan. 2016.

10 P. D Christie and R. W Jackson, "A Case Study Comparing Minimalist Design Running Shoes with Traditional Motion Control Foam Core Running Shoes," J. Athl. Enhanc., vol. 5, no. 2, 2016.

11 R. F. Flaherty, "Running economy and kinematic differences among running with the foot shod, with the foot bare, and with the bare foot equated for weight," phdthesis, Springfield College, 1993.

12 C. Divert, G. Mornieux, P. Freychat, L. Baly, F. Mayer, and a Belli, "Barefoot-shod running differences: shoe or mass effect?," Int. J. Sports Med., vol. 29, no. 6, pp. 512–8, Jun. 2008.

13 R. Russell and S. Simmons, "THE EFFECTS OF BAREFOOT RUNNING ON OVERPRONATION IN RUNNERS," Int. J. Exerc. Sci. Conf. Proc., vol. 8, no. 4, 2016.

14 B. Zipfel, L. R. Berger, E. Trinkaus, J. Wolff, L. Sim-Fook, A. R. Hodgson, K. Ashizawa, C. Kumakura, A. Kusumoto, S. Narasaki, A. Kusumoto, T. Suzuki, C. Kumakura, K. Ashizawa, M. Morioka, T. Miura,

K. Kimura, A. L. T. Thompson, B. Zipfel, N. A. Barnicot, R. H. Hardy, E. T. Engle, D. J. Morton, F. A. B. Gottschalk, J. G. Sallis, P. H. Beighton, L. Solomon, N. P. Saragas, P. J. Becker, C. H. Barnett, I. B. Shine, S. B. Schulman, S. E. Robbins, A. M. Hanna, G. J. Gouw, S. E. Robbins, A. M. Hanna, H. Kelikian, V. T. Inman, R. Mann, B. Helal, D. Wilson, V. J. Hetherington, E. D. McGlamry, A. S. Banks, M. S. Downey, H. L. DuVries, J. M. Burnfield, C. D. Few, O. S. Mohamed, J. Perry, P. R. Cavanaugh, M. M. Rodgers, T. S. Holden, R. W. Muncey, J. R. Napier, J. R. R. Stott, W. C. Hutton, I. A. F. Stokes, S. Kadambande, A. Khurana, U. Debnath, M. Bansal, K. Hariharan, A. J. Hausman, N. Roberts, J. Sealy, S. Pfeifer, J. Stock, S. Pfeiffer, D. Roberts, L. R. Berger, D. J. Ortner, D. J. Ortner, D. W. Wilson, S. E. Grode, D. J. McCarthy, E. Rzoonica, S. Levitz, B. Lue, J. A. Vanore, K. Klaue, S. T. Hansen, A. C. Masquelet, T. J. Chang, C. A. Camasta, R. D. Roth, R. L. Susman, T. M. Brain, R. L. Susman, D. J. de Ruiter, B. Zipfel, R. Kidd, M. J. Saraiya, K. L. F.- Johnson, D. P. Murdoch, P. McGanty, R. R. Vilaseca, E. R. Ribes, D. H. Uberlaker, and E. Boulle, "Shod versus unshod: The emergence of forefoot pathology in modern humans?," Foot, vol. 17, no. 4, pp. 205–213, Dec. 2007.

15 J. K. Sinclair, "Effects of a 10 week footstrike transition in habitual rearfoot runners with patellofemoral pain," Comp. Exerc. Physiol., vol. 12, no. 3, pp. 141–150, Sep. 2016.

16 J. Bonacci, M. Hall, A. Fox, N. Saunders, T. Shipsides, and B. Vicenzino, "The influence of cadence and shoes on patellofemoral joint kinetics in runners with patellofemoral pain," Journal of Science and Medicine in Sport, vol. 21, no. 6, pp. 574–578, Jun. 2018, doi: 10.1016/j.jsams.2017.09.593.

17 N. Hanson and J. Buckworth, "Personality characteristics of barefoot runners: openness and conscientiousness as the defining traits," Sport Sci. Health, pp. 1–6, Sep. 2016.

18 D. W. Jenkins and D. J. Cauthon, "Barefoot Running Claims and Controversies: A Review of the Literature ," J. Am. Podiatr. Med. Assoc. , vol. 101, no. 3, pp. 231–246, May 2011.

19 R. Russell and S. Simmons, "THE EFFECTS OF BAREFOOT RUNNING ON OVERPRONATION IN RUNNERS," Int. J. Exerc. Sci. Conf. Proc., vol. 8, no. 4, 2016.

20 A. R. Altman and I. S. Davis, "Prospective comparison of running injuries between shod and barefoot runners," Br. J. Sports Med., vol. 50, no. 8, pp. 476–480, Apr. 2016.

21 P. Francis, C. Oddy, and M. I. Johnson, "Reduction in plantar heel pain and a return to sport after a barefoot running intervention in a female triathlete with plantar fasciitis," International Journal of Athletic Therapy and Training, vol. 22, no. 5, pp. 26–32, Sep. 2017, doi: 10.1123/ijatt.2016-0072.

22 K. Ostermann, L. Ridpath, and J. B. Hanna, "Self-Reported Minimalist Running Injury Incidence and Severity: A Pilot Study.," J. Am. Osteopath. Assoc., vol. 116, no. 8, pp. 512–20, Aug. 2016.

23 I. S. Davis, H. Rice, and S. Wearing, "Why forefoot striking in minimal shoes might positively change the course of running injuries," Journal of Sport and Health Science, vol. 6, no. 2, pp. 154–161, Jun. 2017, doi: 10.1016/j.jshs.2017.03.013.

24 J. K. Sinclair, "Effects of barefoot and shod running on lower extremity joint loading, a musculoskeletal simulation study," Sport Sciences for Health, vol. 14, no. 3, pp. 485–494, Mar. 2018, doi: 10.1007/s11332-018-0446-1.

25 K. Hollander, D. Hamacher, and A. Zech, "Running barefoot leads to lower running stability compared to shod running - results from a randomized controlled study," Scientific Reports, vol. 11, no. 1, Feb. 2021, doi: 10.1038/s41598-021-83056-9.83056-9.pdf

26 N. Fleming, J. Walters, J. Grounds, L. Fife, and A. Finch, "Acute response to barefoot running in habitually shod males," Hum. Mov. Sci., vol. 42, pp. 27–37, 2015.

27 C. C. Da Silva, Á. Machado, G. R. D. Santos, H. L. Schimidt, M. R. Kunzler, and F. P. Carpes, "Acute responses to barefoot 5 km treadmill running involve changes in landing kinematics and delayed onset muscle soreness," Gait & Posture, Mar. 2020, doi: 10.1016/j.gaitpost.2020.02.004.

28 T. S. A. Soares, C. Oliveira, F. Pizzuto, R. Garganta, J. P. Vila-Boas, and M. C. Da Anunciação Paiva, "Acute kinematics changes in marathon runners using different footwear," Journal of Sports Sciences, vol. 36, no. 7, pp. 766–770, Jun. 2017, doi: 10.1080/02640414.2017.1340657.

29 M. F. Joseph, K. Histen, J. Arntsen, L. L'hereux, C. Defeo, D. Lockwood, T. Scheer, and C. R. Denegar, "Achilles Tendon Adaptation During Transition to a Minimalist Running Style," J. Sport Rehabil., pp. 1–17, Sep. 2016.

30 J. Mizushima et al., "Long-term effects of school barefoot running program on sprinting biomechanics in children: A case-control study," Gait & Posture, vol. 83, pp. 9–14, Jan. 2021, doi: 10.1016/j.gaitpost.2020.09.026.

31 S. D. Cook, M. A. Kester, and M. E. Brunet, "Shock absorption characteristics of running shoes," Am. J. Sports Med., vol. 13, no. 4, pp. 248–253, Jul. 1985.

32 S. McClinton, C. Collazo, E. Vincent, and V. Vardaxis, "Impaired Foot Plantar Flexor Muscle Performance in Individuals With Plantar Heel Pain and Association With Foot Orthosis Use," http://dx.doi.org/10.2519/jospt.2016.6482, 2016.

33 J. A. Rixe, R. A. Gallo, and M. L. Silvis, "The barefoot debate: can minimalist shoes reduce running-related injuries?," Curr. Sports Med. Rep., vol. 11, no. 3, pp. 160–5.

34 D. P. Perl, A. I. Daoud, and D. E. Lieberman, "Effects of footwear and strike type on running economy.," Med. Sci. Sports Exerc., vol. 44, no. 7, pp. 1335–43, Jul. 2012.

35 H. Chander, C. E. Morris, S. J. Wilson, J. C. Garner, and C. Wade, "Impact of alternative footwear on human balance," http://dx.doi.org/10.1080/19424280.2016.1195881, 2016.

36 K. Hollander, A. Argubi-Wollesen, R. Reer, A. Zech, H. Kurup, C. Clark, R. Dega, D. Lieberman, K. D'Aoât, T. Pataky, D. De Clercq, P. Aerts, U. Rao, B. Joseph, S. Mullen, E. Toby, D. Perl, A. Daoud, D. Lieberman, D. Lieberman, M. Venkadesan, W. Werbel, A. Daoud, S. D'Andrea, I. Davis, J. Hall, C. Barton, P. Jones, D. Morrissey, A. Altman, I. Davis, H. Enders, V. von Tscharner, B. Nigg, B. Breine, P. Malcolm, E. Frederick, D. De Clercq, Y. Shih, K. Lin, T. Shiang, K. Murphy, E. Curry, E. Matzkin, N. Tam, J. Wilson, T. Noakes, R. Tucker, S. Ridge, A. Johnson, U. Mitchell, I. Hunter, E. Robinson, B. Rich, M. Ryan, M. Elashi, R. Newsham-West, J. Taunton, R. Squadrone, C. Gallozzi, J. Bonacci, P. Saunders, A. Hicks, T. Rantalainen, B. Vicenzino, W. Spratford,

J. Hamill, E. Russell, A. Gruber, R. Miller, K. Hollander, D. Riebe, S. Campe, K. Braumann, A. Zech, R. Fellin, W. Rose, T. Royer, I. Davis, M. Carson, M. Harrington, N. Thompson, J. OConnor, T. Theologis, J. McGinley, R. Baker, R. Wolfe, M. Morris, B. De Wit, D. De Clercq, P. Aerts, A. Hsu, C. Rothschild, M. Bishop, P. Fiolkowski, B. Conrad, D. Brunt, M. Horodyski, R. Willy, I. Davis, B. Nigg, H. Enders, C. Wegener, A. Hunt, B. Vanwanseele, J. Burns, R. Smith, E. Eils, S. Behrens, O. Mers, L. Thorwesten, K. Völker, D. Rosenbaum, H. Hobara, T. Sato, M. Sakaguchi, K. Nakazawa, B. Heiderscheit, E. Chumanov, M. Michalski, C. Wille, M. Ryan, S. Wolf, J. Simon, D. Patikas, W. Schuster, P. Armbrust, L. Döderlein, M. Eslami, M. Begon, N. Farahpour, P. Allard, A. DeLeo, T. Dierks, R. Ferber, and I. Davis, "Comparison of Minimalist Footwear Strategies for Simulating Barefoot Running: A Randomized Crossover Study," PLoS One, vol. 10, no. 5, p. e0125880, May 2015.

37 J. T. Fuller, D. Thewlis, J. D. Buckley, N. Brown, J. Hamill, and M. D. Tsiros, "Body mass and weekly training distance influence the pain and injuries experienced by runners using minimalist shoes: a randomized controlled trial," The American Journal of Sports Medicine, vol. 45, no. 5, pp. 1162–1170, Jan. 2017, doi: 10.1177/0363546516682497.

38 J. T. Fuller, D. Thewlis, M. D. Tsiros, N. Brown, and J. D. Buckley, "Six-week transition to minimalist shoes improves running economy and time-trial performance," Journal of Science and Medicine in Sport, vol. 20, no. 12, pp. 1117–1122, Dec. 2017, doi: 10.1016/j.jsams.2017.04.013.

39 https://www.sciencedirect.com/topics/medicine-and-dentistry/timed-up-and-go-test

40 J. H. HICKS, "The mechanics of the foot. II. The plantar aponeurosis and the arch.," J. Anat., vol. 88, no. 1, pp. 25–30, Jan. 1954.

41 U. F. Ervilha, L. Mochizuki, A. Figueira, and J. Hamill, "Are muscle activation patterns altered during shod and barefoot running with a forefoot footfall pattern?," J. Sports Sci., pp. 1–7, Sep. 2016.

42 N. R. van der Struijs, E. M. van Es, R. J. E. M. Raymann, and H. A. M. Daanen, "Finger and Toe Temperatures on Exposure to Cold Water and Cold Air."

43 S. S. Cheung and I. B. Mekjavic, "Cold-induced vasodilatation is not homogenous or generalizable across the hand and feet," Eur. J. Appl. Physiol., vol. 99, no. 6, pp. 701–705, Mar. 2007.

44 T. ADAMS and R. E. SMITH, "Effect of chronic local cold exposure on finger temperature responses.," J. Appl. Physiol., vol. 17, no. 2, pp. 317–22, Mar. 1962.

45 D. Brajkovic and M. B. Ducharme, "Maintaining Finger Dexterity in the Cold: A Comparison of Passive, Direct and Indirect Hand Heating Methods."

46 V. Kumar, V. Correspondence, and D. P. Kumar, "Impact of sand running for developing endurance among athletes," Int. J. Phys. Educ. Sport. Heal. IJPESH, vol. 369, no. 33, pp. 507–509, 2016.

47 U. Rao and B. Joseph, "The influence of footwear on the prevalence of flat foot. A survey of 2300 children," Bone Joint J., 1992.

48 N. Shakoor and J. Block, "Walking barefoot decreases loading on the lower extremity joints in knee osteoarthritis," Arthritis Rheum., 2006.

49 C. B. Cunningham, N. Schilling, C. Anders, and D. R. Carrier, "The influence of foot posture on the cost of transport in humans," J. Exp. Biol., vol. 213, no. 5, 2010.

50 S. T. Ridge et al., "Walking in minimalist shoes is effective for strengthening foot muscles," Medicine and Science in Sports and Exercise, vol. 51, no. 1, pp. 104–113, Jan. 2019, doi: 10.1249/mss.0000000000001751.

51 J. P. Warne, "Transitioning to minimal running footwear; implications for performance and running related injury when compared to conventional running shoes.," Warn. Joe P. Transitioning to minimal Run. footwear; Implic. Perform. Run. Relat. Inj. when Comp. to Conv. Run. shoes. PhD thesis, Dublin City Univ., 2014.

52 G. M. Dallam, R. L. Wilber, K. Jadelis, G. Fletcher, and N. Romanov, "Effect of a global alteration of running technique on kinematics and economy," J. Sports Sci., vol. 23, no. 7, pp. 757–764, Jul. 2005.

53 I. Shrier, "Does Stretching Improve Performance?," Clin. J. Sport Med., vol. 14, no. 5, pp. 267–273, Sep. 2004.

54 W. van Mechelen, H. Hlobil, H. C. Kemper, W. J. Voorn, and H. R. de Jongh, "Prevention of running injuries by warm-up, cool-down, and stretching exercises.," Am. J. Sports Med., vol. 21, no. 5, pp. 711–9.

55 V. A. Convertino, L. E. Armstrong, E. F. Coyle, G. W. Mack, M. N. Sawka, L. C. Senay, and W. M. Sherman, "American College of Sports Medicine position stand. Exercise and fluid replacement.," Med. Sci. Sports Exerc., vol. 28, no. 1, pp. i–vii, Jan. 1996.

56 F. Engel, C. Stockinger, A. Woll, and B. Sperlich, "Effects of Compression Garments on Performance and Recovery in Endurance Athletes," in Compression Garments in Sports: Athletic Performance and Recovery, Cham: Springer International Publishing, 2016, pp. 33–61.

57 M. Halász, J. Geršak, P. Bakonyi, G. Oroszlány, A. Koleszár, and O. N. Szabó, "Study on the compression effect of clothing on the physiological response of the athlete," Materials, vol. 15, no. 1, p. 169, Dec. 2021, doi: 10.3390/ma15010169.

58 N. Brophy-Williams, M. W. Driller, C. M. Kitic, J. W. Fell, and S. L. Halson, "Effect of Compression Socks Worn Between Repeated Maximal Running Bouts," Int. J. Sports Physiol. Perform., pp. 1–22, Sep. 2016.

59 L. Szmedra and D. W. Bacharach, "Effect of music on perceived exertion, plasma lactate, norepinephrine and cardiovascular hemodynamics during treadmill running.," Int. J. Sports Med., vol. 19, no. 1, pp. 32–7, Jan. 1998.

60 T. E. Graham, "Caffeine, Coffee and Ephedrine: Impact on Exercise Performance and Metabolism," Can. J. Appl. Physiol., vol. 26, no. S1, pp. S186–S191, Oct. 2001.

61 J. Wiles and S. Bird, "Effect of caffeinated coffee on running speed, respiratory factors, blood lactate and perceived exertion during 1500-m treadmill running.," Br. J. Sport. …, vol. 26, no. 2, 1992.

62 C. Bosco, J. Tihanyi, J. Pucspk, I. Kovacs, a Gabossy, R. Colli, G. Pulvirenti, C. Tranquilli, C. Foti, M. Viru, and a Viru, "Effect of oral

creatine supplementation on jumping and running performance.," Int. J. Sports Med., vol. 18, no. 5, pp. 369–72, Jul. 1997.

63 F.-C. Tang, C.-C. Chan, and P.-L. Kuo, "Contribution of creatine to protein homeostasis in athletes after endurance and sprint running.," Eur. J. Nutr., vol. 53, no. 1, pp. 61–71, Feb. 2014.

64 L. Y. Beis, T. Polyviou, D. Malkova, and Y. P. Pitsiladis, "The effects of creatine and glycerol hyperhydration on running economy in well trained endurance runners.," J. Int. Soc. Sports Nutr., vol. 8, no. 1, p. 24, Jan. 2011.

65 B. Ahlborg, J. Bergström, L. G. Ekelund, E. Hultman, and G. Maschio, "Human muscle glycogen content and capacity for prolonged exercise after different diets," Forvarsmedicin, vol. 3, 1967.

66 G. M. Fogelholm, H. O. Tikkanen, H. K. Naveri, L. S. Naveri, and M. H. Harkonen, "Carbohydrate loading in practice: high muscle glycogen concentration is not certain.," Br. J. Sports Med., vol. 25, no. 1, pp. 41–44, Mar. 1991.

67 L. M. Burke, "Nutrition Strategies for the Marathon," Sport. Med., vol. 37, no. 4, pp. 344–347, 2007.

68 R. J. Maughan, "The sports drink as a functional food: formulations for successful performance.," Proc. Nutr. Soc., vol. 57, no. 1, pp. 15–23, Feb. 1998.

69 M. A. Van Nieuwenhoven, R. M. Brummer, and F. Brouns, "Gastrointestinal function during exercise : comparison of water , sports drink , and sports drink with caffeine Gastrointestinal function

during exercise : comparison of water , sports drink , and sports drink with caffeine," pp. 1079–1085, 2013.

70 A. Pizziol, V. Tikhonoff, C. D. Paleari, E. Russo, A. Mazza, G. Ginocchio, C. Onesto, L. Pavan, E. Casiglia, and A. C. Pessina, "Effects of caffeine on glucose tolerance: a placebo-controlled study.," Eur. J. Clin. Nutr., vol. 52, no. 11, pp. 846–9, Nov. 1998.

71 K. J. Cureton, G. L. Warren, M. L. Millard-Stafford, J. E. Wingo, J. Trilk, and M. Buyckx, "Caffeinated sports drink: ergogenic effects and possible mechanisms.," Int. J. Sport Nutr. Exerc. Metab., vol. 17, no. 1, pp. 35–55, Feb. 2007.

72 R. a Irving, T. D. Noakes, R. Buck, R. van Zyl Smit, E. Raine, J. Godlonton, and R. J. Norman, "Evaluation of renal function and fluid homeostasis during recovery from exercise-induced hyponatremia.," J. Appl. Physiol., vol. 70, no. 1, pp. 342–8, Jan. 1991.

73 C. H. Wyndham and N. B. Strydom, "The danger of an inadequate water intake during marathon running.," S. Afr. Med. J., vol. 43, no. 29, pp. 893–6, Jul. 1969.

74 T. D. Noakes, "Overconsumption of fluids by athletes.," BMJ, vol. 327, no. 7407, pp. 113–4, Jul. 2003.

75 J. G. M. Hew, Tamara D. DPM; Chorley, Joseph N. MD; Cianca, John C. MD; Divine, "The Incidence, Risk Factors, and Clinical Manifestations of Hyponatremia in Marathon Runners," Clin. J. Sport Med., vol. 13, no. 1, pp. 41–47, 2003.

76 V. A. Convertino, L. E. Armstrong, E. F. Coyle, G. W. Mack, M. N. Sawka, L. C. Senay, and W. M. Sherman, "American College of Sports

Medicine position stand. Exercise and fluid replacement.," Med. Sci. Sports Exerc., vol. 28, no. 1, pp. i–vii, Jan. 1996.